100 RECETTES DE COSMÉTIQUES MAISON

Inédites • Simples • Créatives • Efficaces
Soins du visage, du corps
et des cheveux

© Hachette Livre (Hachette Pratique), 2015
Toutes les photographies et textes : © Aroma-Zone®

Toute représentation ou reproduction, intégrale ou partielle, faite sans le consentement de l'auteur, ou de ses ayants droit ou ayants cause, est illicite (art. L 122-4 du Code de la propriété intellectuelle). Cette représentation, ou reproduction, par quelque procédé que ce soit, constituerait une contrefaçon sanctionnée par l'article L 3345-2 du Code de la propriété intellectuelle.

Aroma-zone®
25, rue de l'École de Médecine
75 006 Paris
www.aroma-zone.com

Hachette Pratique
Direction : Catherine Saunier-Talec
Responsable éditoriale : Anne Le Meur
Responsable artistique : Antoine Béon
Couverture et conception graphique : Pauline Ricco
Mise en page et gravure : Les PAOistes
Relecture : Odile Raoul et Magali Langlade
Fabrication : Isabelle Simon-Bourg
Partenariats : Sophie Morier (smorier@hachette-livre.fr)
Responsable de la communication : Johanna Rodrigues-Faitot
(jrodrigue@hachette-livre.fr)

L'éditeur remercie Flore Delplanque et Marie Hagège pour leur aide précieuse.

Achevé d'imprimer en Espagne par Estella Gráficas (Espagne) en juin 2016
Dépôt légal : octobre 2015
13-6674-02-8
ISBN : 978-2-01-396464-7

hachette s'engage pour l'environnement en réduisant l'empreinte carbone de ses livres. Celle de cet exemplaire est de :
1,96 kg éq. CO₂
Rendez-vous sur
www.hachette-durable.fr

PAPIER À BASE DE FIBRES CERTIFIÉES

Avertissement
L'auteur et l'éditeur se dégagent de toute responsabilité d'un mauvais emploi ou d'une quelconque erreur commise par le lecteur, ou bien encore de toute réaction allergique liée à une sensibilité intrinsèque à l'individu concerné.

AROMA-ZONE
EXPERT NATUREL EN SOINS & BEAUTÉ

100 RECETTES DE COSMÉTIQUES MAISON

Inédites • Simples • Créatives • Efficaces
Soins du visage, du corps et des cheveux

hachette
BIEN-ÊTRE

SOMMAIRE

Avant-propos 6

Savoir-faire 8
   Le B.A.-ba de la préparation
   des cosmétiques maison 10
   Le matériel nécessaire 14
   Les ingrédients 16
   Les techniques 27
      • Les émulsions 28
      • La méthode « one pot » 30
      • Les lotions 32
      • Les lotions bi-phase 33
      • Les baumes 34
      • Les gels 36
      • Les savons Melt & Pour 38
      • Les produits moussants 40
      • Les produits moussants solides 42
      • Le liniment oléo-calcaire 44
      • Les sérums huileux 46

Les recettes 47

Soins du visage 49

Lotions et démaquillants
Lotion prodigieuse Nouvelle peau 51
Lotion aromatique Peau nette 53
Rosée hydratante super repulpante 55
Eau purifiante aux trois Agrumes 57
Baume démaquillant au Raisin 59
Lotion démaquillante « 1, 2, 3 douceur »
   à la Rose 61
Gelée nettoyante délicate Miel & Fleur d'oranger ... 63
Liniment onctueux au Calendula 65

Lotions, élixirs & huiles de beauté
Sérum unifiant au Lys blanc 67

Sérum ensoleillant à la carotte 69
Sérum matifiant au Bambou 71
Sérum bonne mine Carotte,
   Gingembre & Citron 73
Huile de beauté berbère à la Rose du désert 75
Élixir de jouvence Onagre & Figue de Barbarie 77
Élixir de beauté aux Fleurs des champs 79

Crèmes de soin
Crème des reines à l'Immortelle 81
Crème de nuit jeunesse aux fleurs de Ciste 83
Crème peau neuve aux acides de Fruits 85
Crème jeunesse aux trois Roses 87
BB crème universelle 89
Crème réparatrice Secret de fleurs 91
Crème peau parfaite aux fleurs de Nigelle 93
Crème de beauté du potager 95

Gommages & masques
Gommage tendresse aux deux Roses 97
Masque repulpant à la Mauve 99
Masque des Geishas au Thé Matcha 101
Masque désincrustant aux Fruits 103

Soins du contour des yeux
Soin contour des yeux lissant & défatigant 105

Soins des lèvres
Baume à lèvres hydratant Cerise exquise 107
Gloss brillance miroir à la Prune épicée 109

Soins du corps 111

Savons
Savon du jardinier Thym & Lavande 113
Savon sensuel Épices & Agrumes 115
Savons ayurvédiques Patchouli & Manjishta 117
Savons des enfants Dans la cour de l'école 119

Douche & bain

Crème de douche lactée à la Fraise 121
Gel douche Délice d'Abricot 123
Lait nourrissant « Sous la douche »
  Mangue & Passion 125
Smoothie de douche Fraise & Citron vert 127
Huile de bain nutritive Peau de pêche 129
Diabolo Menthe pour le bain 131
Sucré-salé pour le bain Mousse d'agrumes 133
Poudre de bain pétillante à la Verveine exotique .. 135

Hygiène & parfums

Déodorant pureté Menthe & Bambou 137
Spray anti-moustique Ne me pique pas ! 139
Cire d'épilation orientale Miel & Jasmin 141
Dentifrice fraîcheur Réglisse & Menthe 143
Eau de toilette Délices d'été 145

Gommages

Gommage Lulur de l'île de Java 147
Gommage des vergers aux Abricots 149
Gelée exfoliante Sous les figuiers 151

Crèmes, laits et baumes

Mousse craquante Grenade & Cranberry 153
Mousse cocooning Choco-Menthe 155
Crème peau de satin Amande et Lait d'ânesse 157
Chantilly de Karité à la Vanille des îles 159
Lait satinant Noisette & Abricot 161
Baume d'Alep purifiant pour peaux à problèmes .. 163
Beurre anti-peau de croco Amande & Cerise 165
Soin sorbet minceur au Pamplemousse 167
Sérum spa minceur à la Caféine 169

Soins des jambes, des pieds & des mains

Gel givré aux plantes pour jambes légères 171
Baume moelleux pour petons fatigués 173
Crème mains veloutées aux Cerises 175
Soin jolis ongles au Citron & à la Bourrache 177

Massage

Baume de massage balinais aux fleurs
  de Frangipanier 179
Baume de réconfort pour peaux sensibles 181
Roll-on anti-coups et bleus à l'âme 183
Onguent musculaire façon baume du tigre 185
Sorbet jolis seins aux fleurs de Bellis 187

Solaires

Baume de soleil protecteur à l'Urucum 189
Huile solaire protectrice au Karanja 191
Huile bronzante Monoï & Vanille 193
Gelée ensoleillante à l'Abricot & à la Tomate 195
Huile corps sublime Délice de Noisettes 197
Brume autobronzante Voile d'été 199

Soins des cheveux 203

Shampooings et masques lavants

Shampooing apaisant à la Pivoine 203
Shampooing volumateur Douceur de Blé 205
Shampooing restructurant au lait d'Amande 207
Shampooing SOS pellicules au Patchouli 209
Shampooing barre Cassis tonique 211
Shampooing gainant & fortifiant au Panthénol 213
Shampooing poudre ayurvédique 215
Masque purifiant à la Sauge & au Romarin 217

Soins après-shampooing

Après-shampooing Coco & Citron vert 219
Baume polynésien au Monoï 221
Masque lumière aux Fruits exotiques 223
Crème démêlante aux Fleurs des îles 225
Soins reflets ébène au Henné noir 227

Soins des cheveux sans rinçage

Soin brillance Tilleul & Citron 229
Sérum disciplinant Joli Brocoli 231
Sérum lissant au Murumuru 233
Sérum thermo-protecteur à l'aloe vera 235
Spray coiffant *Wavy look* 237
Gel coiffant au Miel charmant 239
Huile dessine-boucles au Piqui 241
Huile solaire au Karanja 243

Masques & soins avant shampooing

Soin fortifiant & anti-chute au Romarin 245
Masque blondeur de miel à la Camomille 247
Masque activateur de pousse au lait de Coco 249
Baume protecteur Beauté brésilienne 251

Soins pour la barbe

L'huile du barbier heureux à la Moutarde 253

Avant-propos

Le projet Aroma-Zone a pris ses racines dans notre attachement à la nature sauvage et si belle de « notre » Margeride. Terre de notre enfance, brute, baignée de lumière, façonnée de blocs de granit usés par l'érosion, de landes, de pins, de bruyères et de ruisseaux limpides, elle a inspiré notre amour de la terre et notre admiration pour tous les trésors que la nature nous offre.

C'est au cours d'un repas de famille qu'a démarré l'aventure Aroma-Zone avec une idée simple : partager, grâce à Internet, notre connaissance et notre passion des huiles essentielles, ces fabuleux concentrés de forces vitales des plantes.

Aroma-Zone.com, site d'information sur l'aromathérapie, voit le jour à la fin de l'année 1999. Complètement « fait-maison », nous l'avons façonné en famille, mon père, ma sœur et moi, tous trois ingénieurs. Peu de temps après la mise en ligne de ce site d'information, des distillateurs des quatre coins du globe prennent contact avec nous pour nous proposer leurs productions d'huiles essentielles. C'est ainsi qu'en mai 2000, Aroma-Zone devient l'un des tous premiers sites de vente en ligne d'huiles essentielles.

Depuis le début d'Aroma-Zone, notre objectif a toujours été le même : proposer des extraits purs et naturels de la meilleure qualité et au meilleur prix, en nous approvisionnant directement auprès des producteurs et en les revendant directement aux particuliers, avec une marge réduite au maximum. Et c'est grâce à nos clients, fidèles ambassadeurs d'Aroma-Zone, que nous avons grandi, petit à petit, en enrichissant notre gamme au fur et à mesure des demandes et de nos découvertes.

En 2005, nous installons nos locaux au pays des plantes aromatiques, en Provence. Quel

endroit plus inspirant que ces terres vallonnées et parfumées, parsemées de lavandes, de thyms et de romarins ?

C'est aussi en 2005 que naît l'idée d'un pari fou : celui de proposer à nos clients tout le nécessaire pour fabriquer leurs propres cosmétiques, sains, efficaces et bien-sûr 100% naturels ! Nous sommes d'abord perçus dans le milieu de la cosmétique traditionnelle comme un « OVNI », mais, encore une fois, nos clients nous soutiennent. En particulier les AZA (Aroma-Zone Addicts), communauté Internet de passionnées de cosmétique maison, qui ont œuvré à démocratiser cette nouvelle pratique.

Depuis, les hommes et les femmes qui font vivre l'aventure Aroma-Zone partagent cette passion pour la nature et ses trésors, et travaillent chaque jour pour proposer à nos clients les plus beaux extraits naturels et les plus belles recettes de soins naturels.

Nous sommes très heureux, à travers ce livre, de partager avec vous un concentré de notre savoir-faire et de très belles recettes inédites de cosmétique maison que nos équipes ont formulées pour vous avec toute leur passion et expertise. Nous avons eu à cœur de vous proposer des recettes naturelles sensorielles, efficaces et délicieusement parfumées, afin que vous éprouviez du plaisir à les réaliser et à les utiliser.

Nous vous souhaitons de merveilleuses découvertes et surtout… amusez-vous !

Anne Vausselin

Facile, économique, efficace, écologique… Réaliser ses cosmétiques maison ne présente que des avantages. Voici dix bonnes raisons pour vous lancer mais, attention, vous ne pourrez plus vous arrêter ! En effet, la cosmétique maison, c'est…

1 Des cosmétiques 100 % personnalisés : vous rêvez d'un soin parfaitement adapté à vos besoins et à vos envies ? D'un soin en harmonie avec votre peau et votre éthique ? Rien de plus simple : créez-le ! Vous choisirez de A à Z les meilleurs ingrédients naturels pour la beauté de votre peau et de vos cheveux, en accord avec vos convictions.

2 Une garantie de sécurité : en réalisant vous-même vos cosmétiques, vous maîtrisez parfaitement la composition de vos soins et vous évitez les ingrédients nocifs et ceux auxquels vous êtes allergiques.

3 Des produits sains : aux oubliettes parabènes, silicones synthétiques et autres huiles minérales, qui étouffent la peau et le cheveu ! Dorénavant, vos cosmétiques feront rimer beauté et santé.

4 Des soins à l'efficacité avérée : réaliser vos cosmétiques vous permet d'y intégrer une forte proportion d'ingrédients « actifs » : huiles végétales, hydrolats, actifs végétaux, huiles essentielles… qui insufflent à vos soins tous leurs bienfaits, contrairement aux cosmétiques « classiques », souvent constitués en majorité d'eau, d'agents de texture et de toucher. Avec vos soins « maison », vous profitez pleinement de l'efficacité des produits naturels pour la beauté et la santé de votre peau.

5 Des cosmétiques économiques : fabriquer ses propres cosmétiques permet d'alléger son budget beauté, tout en utilisant des soins de très grande qualité. Vous utiliserez des cosmétiques « de luxe » à prix mini, en économisant sur les coûts commerciaux et marketing, qui grossissent les prix des crèmes du commerce.

6 Un vrai engagement écologique : créer ses propres cosmétiques, c'est aussi faire du bien à la planète. En utilisant des soins aux ingrédients d'origine naturelle – produits de manière écologique – et des packagings réutilisables, vous limitez votre impact sur l'environnement et le rejet de produits chimiques dans la nature. En évitant le gaspillage, en ciblant mieux vos besoins et en simplifiant vos rituels de soins, vous vous inscrivez dans une démarche globale de consommation plus responsable et naturelle.

7 Un espace de créativité : redécouvrez le plaisir du « fait maison » et laissez parler votre imagination. Les ingrédients naturels vous offrent toutes leurs vertus en un espace infini de possibilités et de créativité. Textures, couleurs, senteurs, bienfaits… c'est à vous de jouer ! Et n'hésitez pas à inviter vos ami(e)s à un atelier collectif de formulation…

8 Un voyage sensoriel : onctuosité d'un beurre végétal, parfum envoûtant d'une huile essentielle, fluidité d'une huile végétale… quel plaisir de toucher, de sentir et de tester les plus beaux ingrédients naturels pour apprendre à les associer ! Une expérience magique, source de découvertes sans cesse renouvelées.

9 Un acte libre et responsable : créer ses cosmétiques, c'est se réapproprier sa beauté, en se libérant des modes et du marketing. On apprend à mieux connaître sa peau – ce qu'elle aime et ce qui ne lui réussit pas – et à lui prodiguer des soins bienveillants. Bien souvent, cette démarche s'accompagne d'un changement de nos habitudes, en faveur d'un mode de vie plus sain, favorisant naturellement beauté et bien-être.

10 Une ressource en énergie positive : quel coup de boost pour la confiance en soi que de réaliser des soins naturels, agréables et efficaces et de pouvoir dire : « Je l'ai fait moi-même !» De plus, un soin, préparé avec amour et attention et infusé d'ingrédients naturels de qualité, sera forcément bien plus riche en « énergie positive » qu'un soin fabriqué de manière industrielle et standardisée à partir de dérivés de la pétrochimie.

LE B.A.-BA DE LA PRÉPARATION DES COSMÉTIQUES MAISON

Pour réaliser en toute sécurité vos préparations cosmétiques maison, il convient de respecter quelques règles d'hygiène et d'adopter quelques réflexes.

LES RÈGLES D'HYGIÈNE ET DE SÉCURITÉ

1 Lavez-vous soigneusement les mains avant de commencer vos préparations cosmétiques. Nettoyez également votre zone de travail.

2 La réalisation de baumes et de crèmes peut nécessiter de chauffer certains ingrédients. La chauffe s'effectue au bain-marie. Respectez les précautions d'usage pour éviter brûlures et projections, et éloignez les jeunes enfants.

3 Les produits cosmétiques contenant une phase aqueuse (eau, hydrolat…) sont très sensibles aux développements microbiens. Il est donc indispensable de respecter une hygiène parfaite :

• Désinfectez les ustensiles et contenants en suivant nos conseils de désinfection.

• Minimisez le contact des mains avec les crèmes, choisissez de préférence des flacons munis d'une pompe ou utilisez des spatules cosmétiques pour prélever les crèmes en pots.

4 Les ocres et les pigments utilisés dans certains produits peuvent tacher. Nous vous conseillons de ne pas utiliser de récipient émaillé (préférer l'inox ou le verre), de protéger vos vêtements et de porter éventuellement des gants.

5 Étiquetez soigneusement vos produits, notamment en inscrivant leur date de fabrication et leur date limite d'utilisation. Conservez vos préparations à l'abri de la lumière et de la chaleur, et ne dépassez pas les délais indiqués dans les recettes. N'hésitez pas à jeter une préparation si elle change d'aspect ou si elle développe une odeur désagréable. Stockez les ingrédients et les préparations hors de portée des jeunes enfants.

NETTOYAGE ET DÉSINFECTION

(6) Nettoyez le matériel et les contenants à l'eau chaude et au savon (ou au produit vaisselle). Séchez-les ensuite soigneusement.

(7) Pour nettoyer plus facilement les bols et autres matériels de fabrication ayant servi à élaborer des produits à partir de matières premières huileuses ou cireuses, faites légèrement réchauffer votre matériel pour faire fondre le peu de matière qui reste. Puis essuyez à l'aide d'un papier absorbant sec, en prenant garde de ne pas vous brûler. Lavez ensuite à l'eau et au savon pour finir d'enlever la dernière fine pellicule grasse.

(8) Si une huile ou un beurre s'est solidifié(e) à l'intérieur d'une pipette, faites couler dessus un filet d'eau très chaude pour faire fondre le beurre. Puis nettoyez avec de l'eau et du savon pour finir d'enlever le surplus de matière grasse.

(9) Vous pouvez adopter la méthode de la désinfection « thermique » : pendant 10 minutes, faites bouillir dans de l'eau les contenants pouvant supporter la chaleur (verre, inox ou PP). Puis séchez-les soigneusement à l'aide d'un chiffon propre et sec.

(10) Ou suivez la méthode de la désinfection « chimique » : rincez le matériel et les contenants à l'alcool. Puis laissez-les sécher à l'air libre. Pour vos pipettes, rincez l'intérieur en aspirant, puis en rejetant de l'alcool à plusieurs reprises. Évitez d'appliquer de l'alcool sur les graduations, qui pourraient s'effacer.

DOSAGE ET MESURE

11 Dans les recettes, les dosages des ingrédients sont donnés en grammes. La méthode la plus simple et la plus précise pour doser vos produits est d'utiliser une balance de précision pour peser les quantités indiquées en grammes.

12 Si vous ne disposez pas d'une balance, les recettes indiquent également une équivalence pour le dosage sans balance : en millilitres pour les hydrolats, les huiles et les beurres, en gouttes pour les liquides utilisés à petites doses, comme les actifs, parfums, conservateurs… et en cuillères doseuses pour les produits solides en poudre, en paillettes ou en granules.

Pour le dosage des poudres, les cuillères doivent être arasées : passez une spatule ou une lame de couteau sur la cuillère, afin d'éliminer l'excès de produit.

13 Pour réaliser les demi-cuillères, aidez-vous d'une spatule ou d'une lame de couteau afin de retirer l'excédent de la cuillère.

14 Les huiles essentielles, les fragrances cosmétiques, les extraits aromatiques et les actifs liquides sont vendus dans des flacons munis de codigoutte. Dans les recettes, ces produits se dosent soit en comptant les gouttes, soit en ôtant avec précaution le codigoutte pour prélever la quantité souhaitée avec la pipette graduée.

15 Pour prélever les quantités souhaitées des ingrédients liquides à l'aide du piston de la pipette graduée :

- Immergez l'embout de votre pipette dans le liquide à prélever.

- Tirez doucement sur le piston pour aspirer le liquide jusqu'à la graduation cible, tout en faisant attention à ne pas aspirer de bulle d'air.

- Transférez dans votre bol la quantité prélevée en poussant le piston.

CONSEILS PRATIQUES

16 Si vous devez prélever plusieurs huiles ou beurres avec une pipette pour une même recette, il n'est pas nécessaire de nettoyer l'intérieur de la pipette entre deux huiles ou beurres. Vous pouvez simplement essuyer l'embout avec un papier absorbant.

17 Lors de la réalisation d'une émulsion, assurez-vous, avant de verser la phase eau dans la phase huile, que les deux phases sont bien homogènes, complètement fondues, sans grumeaux et à la bonne température.

18 Lors de la réalisation d'un baume ou stick, vous pouvez accélérer la prise, en plaçant le produit quelques minutes au congélateur. À l'inverse, si la préparation fige trop rapidement avant le coulage, réchauffez-la légèrement au bain-marie pour la liquéfier.

19 L'acide hyaluronique est un actif qui est assez long à se solubiliser. Ajoutez-le « en pluie » à votre préparation, mélangez vigoureusement, puis laissez reposer une dizaine de minutes avant d'agiter à nouveau pour homogénéiser.

Quelle eau minérale utiliser ?

Pour vos préparations, choisissez une eau faiblement minéralisée (résidu sec < 500 mg/l), ouverte depuis moins de 48 heures et conservée au frais après ouverture, afin d'éviter tout problème microbiologique.

QUELQUES PRÉCAUTIONS AVANT D'UTILISER VOTRE PRODUIT...

Comme avec tous les cosmétiques – même naturels –, certaines peaux sensibles peuvent réagir : faites toujours un test dans le pli du coude 48 heures avant la première utilisation pour vérifier qu'aucune réaction n'apparaît.

- Respectez bien les dosages indiqués dans les recettes pour chacun des ingrédients.

- Les huiles essentielles sont des produits très puissants et actifs. Utilisez-les avec modération et précaution, en respectant les dosages conseillés. D'une manière générale, elles s'emploient toujours diluées, dans une huile végétale ou une crème, pour être appliquées sur la peau.

- Les huiles essentielles doivent toujours être gardées hors de portée des enfants.

- Les huiles essentielles ne doivent pas être appliquées ni sur les yeux et le contour des yeux, ni dans les oreilles. En cas de contact accidentel, appliquez abondamment une huile végétale pour diluer, puis lavez à l'eau et au savon. Consultez un médecin si nécessaire.

- D'une manière générale, nous déconseillons l'utilisation d'huiles essentielles chez les femmes enceintes ou allaitantes, les personnes hypersensibles ou ayant des problèmes de santé graves. Sauf avis médical, n'utilisez jamais d'huiles essentielles chez les bébés et chez les enfants de moins de 3 ans. Pour les enfants de plus de 3 ans, elles sont en général réservées à un usage thérapeutique ponctuel, exclusivement sous contrôle médical.

- Les enfants n'ont pas vraiment besoin de produits cosmétiques, hormis un produit lavant doux et, éventuellement, un produit nourrissant et protecteur en cas de problème de peau. Les huiles végétales naturelles, comme la cameline, l'olive, le macérât de calendula, ou les beurres, comme le karité, font de bons soins pour leur peau délicate. Si vous préparez des cosmétiques pour de jeunes enfants, choisissez des formules simples (baume, liniment) et neutres (sans huile essentielle ni fragrance, ni parfum).

LE MATÉRIEL NÉCESSAIRE

Pour réaliser les recettes du livre, un matériel de base très simple suffit.

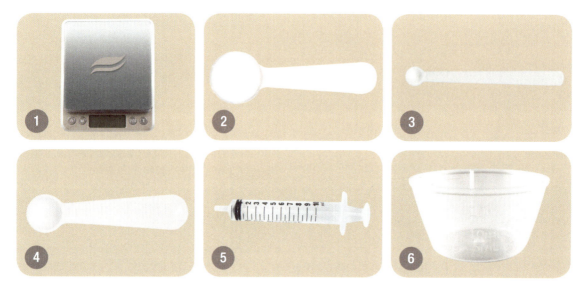

POUR DOSER

1 **Balance de précision :** c'est l'idéal. Elle est facultative, mais elle facilite un dosage précis des ingrédients.
Si vous n'avez pas de balance, les cuillères doseuses suivantes, la pipette graduée et le verre doseur permettent d'effectuer les dosages.

2 **Cuillère de dosage de 2 ml :** elle permet de doser les ingrédients sous forme poudreuse ou sous forme de pastilles.

3 **Cuillère de dosage de 0,5 ml :** elle sert à réaliser des dosages pour les ingrédients en poudre.

4 **Cuillère de dosage de 0,05 ml :** on l'emploie pour faire des dosages précis, en faible quantité, d'ingrédients en poudre.

5 **Pipette graduée de 10 ml :** elle permet de prélever et de doser les ingrédients liquides en millilitres et de transférer les préparations dans les flacons.

6 **Verre doseur de 25 ml :** il permet de doser les ingrédients liquides et poudreux.

POUR FABRIQUER

5 Thermomètre: facultatif, il facilite toutefois la réalisation des émulsions, en permettant le contrôle de la température des phases.

6 Mini-fouet: il sert à mélanger manuellement les préparations. Il suffit pour la grande majorité des recettes de ce livre.

7 Batteur-mousseur électrique: il permet d'agiter vigoureusement les préparations, ce qui facilite la formation des émulsions et permet de varier leurs textures (mousse, crème fouettée…).

8 Bols résistant à la chaleur (inox, Pyrex®): on les emploie pour réaliser des mélanges et permettre leur chauffe au bain-marie.

9 Bain-marie: il est utilisé pour chauffer en douceur les ingrédients lorsque c'est nécessaire. Il peut facilement être constitué à l'aide d'une casserole remplie d'eau chaude, chauffée sur une gazinière ou une plaque chauffante.

L'HYGIÈNE

10 Des gants et des lunettes de protection sont conseillés pour la manipulation des matières premières.

LES INGRÉDIENTS

LES HUILES VÉGÉTALES, LES MACÉRÂTS HUILEUX ET LES BEURRES VÉGÉTAUX

Riches en acides gras essentiels, vitamines et actifs naturels (phytostérols, caroténoïdes, squalène, phospholipides…), les huiles et les beurres végétaux nourrissent et protègent la peau de la déshydratation, des agressions extérieures et du vieillissement prématuré. Ce sont de fabuleux soins réparateurs, régénérants, anti-âge ou bonne mine.

En cosmétique « maison », ils sont indispensables comme ingrédients de base de la phase huileuse pour formuler des baumes et des crèmes.

Obtenues de préférence par pression à froid de graines ou de fruits oléagineux, les **huiles végétales** ont une texture plus ou moins fluide ou épaisse et un toucher plus ou moins fin et pénétrant, selon leur composition en acides gras. Les **beurres végétaux** sont obtenus par trituration ou pression à froid de graines oléagineuses. Leur consistance est solide, plus ou moins dure, du fait de leur richesse en acides gras saturés. Très protecteurs, ce sont d'excellents soins des lèvres et des peaux desséchées et abîmées. Ils apportent également de la consistance en formulation, notamment lors de la préparation de baumes et de sticks.

POUR…	PENSEZ AUX…
Prévenir le vieillissement cutané	Huiles végétales d'açaï, de cranberry, de figue de Barbarie, de framboise et de bourrache
Peau sèche	Huiles végétales d'amande douce, d'avocat, de prune, de germes de blé, de camélia, de fruit de la Passion, de noix du Brésil et beurres d'amande, de karité nilotica et de sal
Peau mixte à grasse	Huiles végétales de dattier du désert, de jojoba, de noisette et de melon d'eau
Peau sensible	Huiles végétales de bourrache, de cameline, de cranberry, d'inca inchi, d'olive et de cassis
Peau atopique	Huiles végétales de cameline, de périlla, de chaulmoogra, d'inca inchi, d'argousier et de kukui
Peau mature	Huiles végétales de rose musquée, de bourrache, d'argan, d'onagre et de camélia
Peau à problèmes (acné)	Huiles végétales de baies de laurier, de nigelle et de jojoba

Peau irritée ou abîmée	Macérât huileux de calendula, huiles végétales de calophylle inophyle, de cameline, de grenade (extrait CO_2) et beurre de karité
Peau terne, effet bonne mine	Huiles végétales de tomate, d'abricot, de buriti et macérât huileux de carotte
Prévention des taches brunes, homogénéisation de la pigmentation	Macérât huileux de lys et huile végétale de chaulmoogra
Soins du contour des yeux	Huiles végétales de son de riz, de carthame, de figue de Barbarie, d'avocat et de grenade (extrait CO_2)
Soins du buste	Macérât huileux de bellis et huiles végétales d'onagre et de chanvre
Soins capillaires	Huiles végétales de coco, de piqui, de brocoli, de ricin, de pracaxi, de jojoba, de papaye, de moutarde, monoï et beurres de tucuma et de mangue
Soins des ongles	Huiles végétales de bourrache, de ricin, de jojoba et de camélia
Vergetures	Huiles végétales de rose musquée, de germes de blé et beurre de karité
Soins des lèvres	Beurres de cacao, de karité, de sal et huile végétale de ricin
Massage	Huiles végétales de macadamia, de sésame, de noisette, de pépins de raisin et macérâts huileux d'arnica, de monoï et de vanille
Préparation au bronzage, protection solaire légère	Huiles végétales de tomate, de buriti, de karanja et macérât huileux de carotte
Démaquillage	Huiles végétales de jojoba, de ricin, de pépins de raisin et de dattier du désert

LES HYDROLATS ET LES EAUX AROMATIQUES

Les **hydrolats** sont issus de la distillation par entraînement par la vapeur d'eau d'une plante. Il s'agit de la phase aqueuse récoltée à la sortie de l'alambic après décantation, ce qui en fait une eau chargée en composés aromatiques des plantes.

Les **eaux aromatiques** sont obtenues par distillation d'un mélange d'eau et d'huile essentielle.

Choisissez vos hydrolats et vos eaux aromatiques hautement concentrés, 100 % purs, très frais et issus de préférence de plantes sauvages ou de l'agriculture biologique. En cosmétique « maison », les hydrolats et les eaux aromatiques s'utilisent pour remplacer l'eau ou une partie de l'eau dans la phase aqueuse des crèmes, laits, gels, lotions… Ils parfument légèrement les produits, tout en apportant leurs propriétés. Tonifiants, purifiants, apaisants, astringents, rafraîchissants… choisissez-les en fonction de votre type de peau ou de cheveux et des propriétés souhaitées.

POUR...	PENSEZ AUX...
Purifier	Hydrolats de tea tree, de laurier noble, de lavande, de géranium, de thym à linalol et de cannelle
Apaiser	Hydrolats de camomille allemande, de fleur d'oranger, de bleuet, d'hamamélis, de santal blanc et de carotte
Réguler le sébum	Hydrolats de romarin à verbénone, d'ortie, d'hamamélis et de bambou
Resserrer les pores (effet astringent)	Hydrolats de rose, d'hamamélis et eaux aromatiques de pamplemousse et de citron
Favoriser la microcirculation (couperose, rougeurs)	Hydrolats d'hélichryse italienne, de ciste et d'hamamélis
Tonifier	Hydrolats de rose, de géranium, de cèdre de l'Atlas, de basilic à linalol et eau aromatique de yuzu
Raffermir	Hydrolats de ciste, de bambou et de rose
Rafraîchir	Hydrolats de menthe poivrée, de menthe verte et d'eucalyptus
Parfumer agréablement vos produits	Eaux aromatiques de yuzu, de jasmin sambac, de citron et hydrolats de cassis, de rose, d'ylang-ylang, de fleur d'oranger et de cannelle
Aider à cicatriser	Hydrolats d'achillée millefeuille, d'hélichryse italienne, de lavande et de carotte sauvage
Prévenir le vieillissement cutané	Hydrolats de rose, d'encens et de ciste
Décongestionner (circulation des jambes)	Hydrolats de cyprès, de genévrier et de patchouli
Lutter contre la cellulite	Hydrolats de pamplemousse, de genévrier, de cyprès et de cèdre de l'Atlas
Embellir et fortifier les cheveux	Hydrolats d'ortie, de cèdre de l'Atlas, d'ylang-ylang, de sauge officinale et de tilleul
Lutter contre la chute des cheveux	Hydrolats de cèdre de l'Atlas, d'ortie, de sauge officinale et de romarin à verbénone
Lutter contre les pellicules	Hydrolats de cèdre de l'Atlas, d'ortie, de patchouli et de romarin à verbénone
Réguler la transpiration (déodorant)	Hydrolats de sauge officinale, d'hamamélis et de menthe poivrée

LES HUILES ESSENTIELLES

Obtenues par distillation par entraînement à la vapeur d'eau – à l'exception des huiles essentielles d'agrumes, qui sont obtenues par expression à froid –, les huiles essentielles sont le concentré des composés aromatiques des plantes. Volatiles et odorantes, elles apportent leur parfum végétal aux produits, tout en apportant de très belles propriétés sur la peau et les cheveux : purifiantes, réparatrices, stimulantes, anti-âge, raffermissantes...

Très puissantes, elles doivent être correctement diluées et s'utilisent à de très faibles concentrations dans les cosmétiques « maison ». Les huiles essentielles n'étant pas solubles dans l'eau, elles nécessitent un dispersant ou tensioactif pour être incorporées dans des formules purement aqueuses (lotions, gels), mais pourront être diluées facilement dans les huiles, baumes ou émulsions (crèmes, laits).

POUR...	PENSEZ AUX...
Purifier	Huiles essentielles de manuka, de tea tree, d'eucalyptus et de palmarosa
Apaiser	Huiles essentielles de camomille allemande, de lavande fine et de tanaisie annuelle
Réguler le sébum	Huiles essentielles de romarin à cinéole, de citron et de pamplemousse
Raffermir	Huiles essentielles de ciste, de bois de Hô et de bois de rose
Rafraîchir	Huiles essentielles de menthe poivrée et de menthe verte
Tonifier, stimuler	Huiles essentielles de gingembre et de romarin à cinéole
Parfumer agréablement vos produits	Huiles essentielles de géranium, de clémentine, d'ylang-ylang, de linaloe (baies), de yuzu, de bergamote sans furocoumarines, d'orange douce ou sanguine, de cannelle, de citron vert, de litsée citronnée et d'amande amère
Réparer, aider à cicatriser	Huiles essentielles de myrrhe, de lavande fine, de lavande aspic, d'hélichryse italienne et de millepertuis
Prévenir le vieillissement	Huiles essentielles de linaloe (baies), de géranium, de bois de rose, de rose de Damas, d'encens et de curcuma
Lutter contre la couperose et les rougeurs	Huiles essentielles d'hélichryse italienne et de ciste
Décongestionner (effet circulatoire)	Huiles essentielles de lentisque pistachier, de genévrier, de cyprès toujours vert, de santal et de patchouli
Effet minceur	Huiles essentielles de pamplemousse, de cèdre de Virginie et de géranium
Effet chauffant (et antidouleur)	Huiles essentielles de romarin à camphre, de cannelle et de clou de girofle
Embellir les cheveux	Huiles essentielles de romarin à cinéole et d'ylang-ylang
Lutter contre la chute des cheveux/stimuler la pousse	Huiles essentielles de bay St Thomas, de cèdre de l'Atlas, de sauge sclarée et de pamplemousse
Lutter contre les pellicules	Huiles essentielles de patchouli, de laurier noble et de géranium
Réguler la transpiration (déodorant)	Huiles essentielles de palmarosa et de sauge sclarée
Soigner les petits bobos (coups, bosses)	Huiles essentielles d'hélichryse italienne et de millepertuis
Apaiser les douleurs (articulaires, tendineuses, rhumatismales...)	Huiles essentielles de gaulthérie, de romarin à camphre et d'eucalyptus citronné
Détendre, calmer les tensions nerveuses et le stress	Huiles essentielles d'orange, de petitgrain bigarade, de lavande fine et d'ylang-ylang
Éloigner les insectes	Huiles essentielles de géranium, de lemongrass, de citronnelle et de lavande fine

Les ingrédients

LES ACTIFS COSMÉTIQUES

Les actifs cosmétiques permettent d'ajouter des propriétés supplémentaires ciblées dans vos cosmétiques « maison ». Privilégiez des ingrédients d'origine naturelle : extraits de plantes ou composés obtenus par biotechnologies, ou des actifs « identique-nature » (urée, panthénol). Choisissez vos actifs en fonction des propriétés recherchées : anti-âge, hydratants, nutritifs, éclat du teint, purifiants, apaisants, amincissants, circulatoires, déodorants... Un très large choix d'actifs efficaces et d'extraits naturels concentrés est disponible pour composer vos cosmétiques « maison ».

Les actifs doivent toujours être dilués aux doses recommandées dans des préparations adaptées. La solubilité (dans l'huile ou dans l'eau) des actifs est un paramètre important pour les utiliser en formulation : dans une formule purement huileuse (huile, baume, stick), seuls des actifs liposolubles (solubles dans l'huile) pourront être incorporés. Dans une formule purement aqueuse (lotion, gel), il faudra privilégier les actifs hydrosolubles (solubles dans l'eau). Dans une émulsion (crème, lait), des actifs hydrosolubles aussi bien que liposolubles pourront être utilisés, car une émulsion contient à la fois une phase huileuse et une phase aqueuse.

POUR...	PENSEZ AUX...
Antioxydant (prévention vieillissement)	Coenzyme Q10 et actif concentré Éclat & Lumière (extrait de mélèze)
Anti-rides	Acide hyaluronique
Raffermissant	Bio-remodelant (extrait de lin)
Hydratant	Urée, acide hyaluronique, poudre d'aloe vera, glycérine, extrait de mauve, miel en poudre, extrait de concombre
Nutritif	Lait d'amande douce en poudre, lait de jument en poudre, lait d'ânesse en poudre, lait de coco en poudre, poudre d'aloe vera
Apaisant et réparateur	Bisabolol, extrait de mauve, poudre d'aloe vera, extrait CO_2 de camomille allemande
Bronzant, éclat du teint	DHA
Anti-taches, éclaircissant	Melano'regul, actif concentré Eclat & Lumière, extrait de concombre
Purifiant	Bacti-Pur
Régulateur du sébum	Bacti-Pur, MSM
Matifiant (absorbant)	Microsphères de silice
Régénérant, kératolytique	AHA – acides de fruits, acide salicylique
Minceur	Caféine, Fuco'slim (extrait de *Fucus vesiculosus*)

Déodorant	Bacti-Pur
Embellisseur capillaire, fortifiant	Panthénol (Provitamine B5), protéines de riz, Keratin'protect, lait de coco en poudre, phytokératine (protéines de blé), céramides végétales
Anti-chute de cheveux, stimulant de la pousse	Maca vital (extrait de maca)
Conditionneur capillaire	Honeyquat, silicone végétal, inuline
Circulatoire	Extraits de petit houx et vigne rouge
Rafraîchissant, effet glaçon	Menthol en cristaux

LES POUDRES DE PLANTES

Des poudres de plantes peuvent être utilisées en cosmétique « maison » pour apporter leurs propriétés à vos soins. Riches en actifs végétaux (flavonoïdes, polyphénols, caroténoïdes, tannins, saponines…), elles s'utilisent soit sous forme de macérât aqueux ou huileux, qui sera incorporé en phase aqueuse ou huileuse dans la formule, soit sous forme de pâte en mélange avec d'autres poudres (argiles, rhassoul, amidon de riz…) et de l'eau pour application en masque ou cataplasme. Certaines poudres peuvent également être utilisées pour colorer vos préparations, notamment les savons (urucum, manjishta, curcuma).

POUR...	PENSEZ AUX...
Purifiant	Poudre de neem
Anti-âge, antioxydant	Poudres de thé vert Matcha, de curcuma, d'amla et de manjishta
Anti-taches	Poudres de réglisse et de manjishta
Bonne mine, préparation au bronzage	Poudre d'urucum
Réparateur	Poudre de tepezcohuite
Apaisant	Poudres de pivoine et de rose de Damas
Astringent, resserre les pores	Poudres de tepezcohuite, de manjishta, d'orange et de prêle
Embellisseur capillaire, fortifiant	Poudres de kapoor kachli, d'amla, d'ortie, de brahmi, de bhringaraj, d'orange, de prêle et de henné neutre
Nettoyant, riche en saponines	Poudres de shikakaï et de reetha
Colorant des préparations	Poudres d'urucum (orangé), de curcuma (jaune) et de manjishta (pourpre)
Colorant capillaire	Poudres de hennés colorants, de brou de noix, de garance et de curcuma
Support neutre et absorbant, matifiant	Amidon de maïs, arrow root, poudre de riz

LES EXFOLIANTS NATURELS

Ces poudres de plantes de différents pouvoirs exfoliants permettent de réaliser tous types de produits gommants : visage, corps, peaux sensibles, zones rugueuses… Colorés et aux formes variées, les exfoliants naturels apportent une touche esthétique et évocatrice à vos préparations. Le pouvoir exfoliant dépend de la taille, de la forme et de la dureté des particules.

LE GEL D'ALOE VERA BIO

Préparé à partir de jus natif d'aloe vera, le gel d'aloe vera est connu pour ses multiples propriétés sur la peau, notamment pour ses vertus apaisantes, cicatrisantes, purifiantes, astringentes, régénérantes, raffermissantes, hydratantes et nutritives. Riche en polysaccharides, en vitamines, en actifs végétaux et en acides aminés, c'est un véritable soin à part entière et un excellent actif à incorporer dans vos préparations.

Il peut également être utilisé facilement comme base pour réaliser des gels personnalisés pour le visage, le corps ou les cheveux, en y incorporant des actifs adaptés. Choisissez-le 100 % naturel et obtenu exclusivement à partir du filet frais de la plante.

LES EXTRAITS AROMATIQUES NATURELS

Les extraits aromatiques s'utilisent pour agrémenter vos cosmétiques « maison » en les parfumant selon vos goûts et vos humeurs. Ce sont des arômes alimentaires naturels aux notes sucrées, gourmandes et originales, souvent dérivées de fruits, mais aussi de vanille, cacao…
Un panel de senteurs naturelles pour ravir vos sens et apporter la touche « plaisir » à vos soins « maison » !

LES ABSOLUES

Certaines plantes aromatiques contiennent peu de molécules aromatiques, ce qui rend très difficile l'obtention d'une huile essentielle. Les composés odorants peuvent aussi être très sensibles et seraient modifiés sous l'action de la chaleur et de la vapeur lors de la distillation, dénaturant l'odeur originelle de la plante, notamment dans le cas de nombreuses fleurs (jasmin, frangipanier, tubéreuse…). L'extraction sous forme d'absolue permet de retrouver le parfum de ces fleurs de façon plus fidèle et plus efficace.

Pour obtenir une absolue, la matière première végétale est en général macérée dans un solvant volatil approprié. Le solvant est ensuite évaporé pour laisser une pâte, appelée «concrète», qui renferme les composés aromatiques, les cires et les composés huileux de la plante. La macération de la concrète dans l'alcool permet de solubiliser et donc d'extraire uniquement les molécules aromatiques. Après filtration, l'alcool est évaporé pour donner l'absolue.

LES ARGILES

Naturellement riches en sels minéraux et oligo-éléments, les argiles s'utilisent en masques pour le visage, en cataplasmes et en enveloppements corporels pour leurs multiples bienfaits. Absorbantes, adoucissantes, purifiantes ou cicatrisantes, elles font merveille sur tous les types de peaux. Les argiles absorbent le sébum et les impuretés, et constituent ainsi un excellent soin purifiant et nettoyant pour la peau aussi bien que pour les cheveux.

Les argiles sont extraites de carrières naturelles dans des environnements exempts de toute pollution, puis séchées et broyées en poudre fine pour une application facile et confortable. Elles peuvent également être utilisées pour colorer vos préparations, notamment les **argiles violette, rouge, rose et jaune**, riches en pigments minéraux.

Les argiles vertes, très purifiantes, sont particulièrement adaptées aux peaux grasses ou à problèmes.

L'argile blanche (kaolin), très douce, est appréciée sur tous les types de peaux, même sensibles.

Le rhassoul est une argile extraite de la région du Moyen-Atlas, au Maroc, et est un incontournable des soins du hammam pour purifier et nettoyer en douceur la peau et les cheveux. Elle peut être utilisée pour remplacer un shampooing et apporte du gonflant aux cheveux.

Le multani mitti est une argile d'origine indienne, utilisée dans les soins ayurvédiques pour nettoyer la peau et les cheveux.

LES COLORANTS

Il existe dans la nature une large gamme de pigments minéraux, de terres naturelles colorantes (ocres) et de colorants végétaux. Ces colorants vous permettront non seulement de teinter vos crèmes, gels, savons, mais aussi de réaliser des rouges à lèvres, des fonds de teint, des ombres à paupières, des crèmes, etc. Les micas et les paillettes naturelles font merveille pour créer des effets nacrés ou pailletés dans les produits de maquillage ou ajouter une touche de lumière dans les soins.

Les colorants minéraux (oxydes minéraux, micas, paillettes, ocres) sont insolubles et s'utilisent en dispersion dans les mélanges poudreux, les baumes, les sticks ou les crèmes, voire dans les huiles en agitant avant utilisation. Les colorants végétaux, comme la chlorophylle ou le jus de betterave, sont hydrosolubles et coloreront facilement vos produits aqueux : gels douche, lotions, gels notamment. Une palette extrêmement variée pour colorer vos cosmétiques « maison » !

LES BASES DE SAVON GLYCÉRINÉES

Les bases Melt & Pour, littéralement « Fondez & Versez », sont des bases de savon idéales pour réaliser très facilement et très rapidement des savons personnalisés. Prêtes à l'emploi et enrichies en glycérine, elles sont formulées d'une manière spéciale, ce qui permet de les refondre très facilement pour y ajouter des colorants, des parfums, des actifs... Il suffit ensuite de couler le savon dans des moules de votre choix pour obtenir, après refroidissement, de jolis savons prêts à l'emploi. C'est une méthode très ludique et idéale pour réaliser vos savons sans risque.

LES CIRES ET LES GOMMES

Les cires et les gommes sont des agents de texture qui permettent de donner à vos préparations différentes formes :
- sticks et baumes pour les cires, en épaississant ou durcissant les préparations huileuses ;
- gels pour les gommes, en épaississant les préparations aqueuses.

Les cires et les gommes se combinent avec les émulsifiants pour donner des crèmes aux textures et aux touchers épais et protecteurs ou, au contraire, légers, frais et glissants.

La gomme xanthane est particulièrement appréciée pour sa capacité à former facilement à froid des gels translucides du plus bel effet.

La gomme carraghénane est intéressante pour son effet gainant et disciplinant sur les cheveux, mais aussi pour sa capacité à gélifier des mélanges contenant des tensioactifs.

La cire d'abeille est utilisée pour formuler toutes sortes de baumes ou de sticks, mais également pour épaissir et stabiliser les émulsions « eau dans l'huile » ou les liniments et augmenter leur pouvoir protecteur.

Plus dure, **la cire de carnauba** est un agent de texture efficace pour durcir les baumes et les sticks.

La Cera bellina est une cire d'abeille modifiée qui permet de créer des textures originales de type sérum huileux ou gelée huileuse.

LES AGENTS DE TEXTURE

D'autres agents de texture d'origine végétale peuvent être utilisés pour modifier la texture et le toucher des formulations.

L'alcool cétéarylique épaissit et stabilise les émulsions et est particulièrement apprécié dans la formulation de soins capillaires pour son toucher riche, mais non alourdissant.

Les émollients, comme **le Dry Touch**, améliorent le toucher des produits en apportant glissant, légèreté, voire évanescence aux formulations. Ils s'utilisent en phase huileuse pour des émulsions légères et pénétrantes, ou en mélange avec des huiles végétales pour composer des « huiles sèches ».

La base gloss est un agent de texture spécifiquement adapté au maquillage, en particulier aux gloss, grâce à son effet brillant et « mouillé » et à son toucher épais émollient et protecteur.

LES TENSIOACTIFS D'ORIGINE VÉGÉTALE

Les tensioactifs sont la base pour formuler gels douche, shampooings, bains moussants et nettoyants visage. Ils vont apporter l'effet lavant et moussant. Il est recommandé d'utiliser uniquement des tensioactifs doux et d'origine végétale et de les associer entre eux ou de les utiliser en synergie avec des co-tensioactifs, pour obtenir des mélanges d'une grande douceur, avec une consistance et un pouvoir moussant et lavant satisfaisants.

Les tensioactifs solides, comme **le SLSA** ou **le SCI**, permettent de réaliser des formules sous forme solide : shampooings solides, poudres de bain…

L'huile de ricin sulfatée est utilisée comme solubilisant pour préparer des huiles de bain.

LES ÉMULSIFIANTS

Indispensables à la réalisation de crèmes, les émulsifiants jouent le même rôle que joue l'œuf dans la mayonnaise. L'huile et l'eau ne sont pas miscibles et forment deux phases séparées, que l'émulsifiant permet d'homogénéiser sous forme d'une crème ou d'un lait.

Il existe une large gamme d'émulsifiants cosmétiques d'origine végétale permettant d'obtenir en cosmétique « maison » des touchers et textures variées comme des crèmes, des pommades ou encore des laits.

L'émulsifiant **Cœur de Crème** est apprécié pour la large gamme de textures qu'il peut fournir, allant du lait sprayable à la crème épaisse. En bonus, il est très facile à mettre en œuvre, en mettant les huiles et l'eau dans le même bol pour la chauffe.

L'**Olivem 1000** est intéressant pour la qualité, la finesse et l'onctuosité des textures qu'il forme, ainsi que pour sa capacité à favoriser une diffusion progressive des actifs et une hydratation longue durée.

La **Cire Olive Protection** permet d'obtenir des crèmes avec un toucher plus riche et un effet filmogène plus important que les autres émulsifiants.

Le **Conditionneur végétal** et le **BTMS** sont des émulsifiants qui ont aussi un effet conditionneur et démêlant sur les cheveux. Ils s'utilisent pour préparer des masques capillaires et après-shampooings.

LES CONSERVATEURS

Les conservateurs sont indispensables pour préserver les préparations cosmétiques contenant une phase aqueuse (eau, hydrolat) des pollutions. Pour assurer leur efficacité et leur sécurité, il est important de bien respecter leurs dosages et leurs conditions d'utilisation. Ces produits sont concentrés et ne doivent pas être laissés à la portée des enfants.

Le **Leucidal** et le **Naticide** sont des conservateurs d'origine naturelle.

LES ANTIOXYDANTS

Les antioxydants, comme **la vitamine E**, s'utilisent pour prévenir l'oxydation ou le rancissement des huiles végétales, donc pour prolonger la durée de vie des produits. Il est conseillé d'ajouter de la vitamine E dans les formules contenant des huiles végétales sensibles à l'oxydation.

LES AJUSTEURS DE PH

Ces ingrédients servent à augmenter ou diminuer le pH de vos formules.

L'acide citrique et l'acide lactique vont acidifier les formules, c'est-à-dire diminuer le pH. Cela s'avère aussi intéressant pour les soins capillaires, qui doivent avoir un pH légèrement acide pour resserrer les écailles du cheveu et favoriser le démêlage et la brillance. **L'acide lactique** ayant une très bonne affinité avec le cheveu et des propriétés hydratantes, il sera recommandé pour ces formules.

Le bicarbonate de soude permet d'augmenter le pH des préparations. Il est notamment utilisé dans les dentifrices, dont le pH doit être légèrement alcalin pour neutraliser l'acidité propice aux caries, et car il aide à blanchir les dents.

L'association de bicarbonate de soude et d'acide citrique dans une formule sèche (poudre, galets) permet de réaliser des produits effervescents, car ces deux agents vont réagir ensemble au contact de l'eau pour libérer du dioxyde de carbone, créant ainsi de multiples petites bulles.

L'eau de chaux peut être utilisée pour augmenter le pH des préparations, mais son utilisation principale en cosmétique « maison » est la préparation de liniments oléo-calcaires. Elle est alors mélangée, à parts égales, avec une huile végétale liquide. Les liniments sont appréciés comme nettoyants doux et filmogènes sur les fesses des bébés ou comme démaquillants sur les peaux sèches et sensibles. Un liniment doit toujours être agité avant utilisation.

LES SELS

Des sels d'origine naturelle sont surtout utilisés en cosmétique « maison » pour la préparation de sels de bain. **Le sel d'Epsom**, ou sulfate de magnésium, est apprécié pour ses effets décontracturants et délassants sur les muscles tendus et les pieds fatigués.

L'ALCOOL À 90°

L'alcool éthylique est utilisé en cosmétique « maison » pour formuler des parfums, des sprays et des gels hydro-alcooliques. Il est également intéressant pour dissoudre les huiles essentielles ou les cristaux de menthol afin de les incorporer dans des gels aqueux. Il peut aussi être remplacé par la base parfum neutre BIO.

LES TECHNIQUES

Depuis l'Antiquité, les femmes et les hommes préparent des produits cosmétiques pour protéger, embellir, parfumer ou maquiller leur visage et leur corps. C'est en Orient que la cosmétique prend principalement ses racines avec, notamment, l'utilisation d'onguents aux plantes comme soins et de poudres de plantes comme fards.

À la Renaissance, l'usage de préparations cosmétiques et des parfums se répand en Europe, en particulier à Venise, puis en France, avec l'usage de lotions, d'huiles parfumées et de poudres pour le visage. Le XXe siècle voit le développement de la cosmétique industrielle, ainsi que la généralisation de l'utilisation de dérivés pétroliers et ingrédients synthétiques dans les formules. La publicité participe alors au succès d'une industrie florissante.

À la fin du XXe siècle et au début du XXIe, la prise de conscience écologique et les nombreuses controverses liées à certains ingrédients chimiques favorisent un retour aux ingrédients naturels. Désireuses de se réapproprier leur beauté, de plus en plus de personnes s'intéressent à la fabrication de leurs cosmétiques. L'avènement de la cosmétique « maison » moderne permet de réaliser un grand nombre de galéniques et de textures, et d'utiliser des actifs naturels issus de laboratoires de pointe. Loin des shampooings aux œufs de nos grand-mères, les cosmétiques « maison » sont désormais *glamour* et efficaces : ils n'ont rien à envier aux cosmétiques industriels.

Les pages qui suivent vous présentent les principales techniques qui vous permettront de réaliser un vaste panel de cosmétiques.

LES ÉMULSIONS

Une émulsion est un mélange homogène (à l'échelle macroscopique) de deux liquides non miscibles (qui ne se mélangent pas) comme l'eau et l'huile, grâce à un émulsifiant. À l'échelle microscopique, une émulsion est une dispersion de très fines gouttelettes d'huile dans l'eau (émulsion « huile dans eau » – la plus utilisée) ou de gouttelettes d'eau dans l'huile (émulsion « eau dans huile » réservée aux crèmes très riches et protectrices). De nombreux produits cosmétiques se présentent sous forme d'émulsion : laits, crèmes, mascaras… Cette forme a l'avantage d'hydrater et de nourrir la peau en un seul geste, et de permettre d'introduire des actifs aussi bien aqueux que huileux. C'est aussi une galénique très intéressante pour les multiples textures et touchers qu'elle offre.

Dans une émulsion, l'ajout d'un conservateur est une nécessité absolue. En effet, la présence d'eau rend possible les développements microbiens.

MATÉRIEL NÉCESSAIRE

- Un mini-fouet : pour les émulsifications.
- Deux bols résistants à la chaleur (inox,…).
- Un bain-marie.

ASTUCES

- Vos deux phases doivent être à la même température, aux environs de 70 °C au moment de l'émulsification (l'émulsifiant doit être totalement fondu et l'eau frémissante).
- Agitez fortement pendant l'émulsification, surtout pendant les 3 premières minutes. Cessez l'agitation seulement lorsque l'émulsion formée est totalement refroidie.
- N'arrêtez pas l'agitation avant le temps imparti (même si l'émulsion prend un aspect étrange).
- Ajoutez les actifs et le conservateur lorsque l'émulsion est complètement refroidie.
- Certains émulsifiants (Cœur de Crème, Olivem 1000 et BTMS) permettent de réaliser des émulsions sans huile. Dans ce cas, l'émulsifiant doit être fondu dans l'eau ou l'hydrolat.

LA FABRICATION D'UNE ÉMULSION ÉTAPE PAR ÉTAPE

(1) Mettez dans un bol l'émulsifiant, les huiles végétales, les macérâts huileux ou les beurres. Ce sera la phase huileuse.

(2) Dans un autre bol, mettez l'eau minérale et/ou l'hydrolat. Ce sera la phase aqueuse.

(3) Faites chauffer les deux bols séparément au bain-marie.

(4) Lorsque l'émulsifiant est totalement fondu et que l'eau minérale ou l'hydrolat commence à frémir, sortez les bols du bain-marie.

(5) Versez lentement la phase aqueuse frémissante dans le bol de la phase huileuse en agitant vigoureusement pendant quelques minutes à l'aide du mini-fouet pour réaliser l'émulsion.

(6) Mettez le bol dans un fond d'eau froide pour accélérer le refroidissement et continuez à agiter pendant encore quelques minutes jusqu'au refroidissement complet.

(7) Ajoutez le conservateur, les actifs et les parfums en mélangeant entre chaque ajout.

(8) Transvasez la préparation dans votre pot ou flacon.

REMARQUE
Dans le cas de crèmes teintées (comme les fonds de teint), le procédé est le même, mais le pigment coloré est ajouté avant émulsification, dans la phase huileuse.

LA MÉTHODE "ONE POT"

Les émulsifiants Cœur de Crème, Olivem 1000 et BTMS peuvent s'utiliser plus simplement selon la méthode « one pot ».

Cette méthode plus facile et plus rapide consiste à réunir l'ensemble des ingrédients (sauf actifs, parfums et conservateurs) dans un seul bol et à placer ce bol au bain-marie.

Ainsi, il n'est plus nécessaire de chauffer séparément la phase huileuse et la phase aqueuse. Une fois que l'émulsifiant est fondu et que l'eau commence à frémir, il suffit d'agiter le mélange pour réaliser l'émulsion.

MATÉRIEL NÉCESSAIRE

- Un mini-fouet : il permet d'obtenir l'agitation vigoureuse qu'il faut fournir lors de l'émulsification.
- Un bol résistant à la chaleur (inox,…).
- Un bain-marie.

LA FABRICATION D'UNE ÉMULSION « ONE POT »

(1) Mettez dans un bol l'émulsifiant, les huiles végétales, les macérâts huileux, les beurres et l'eau minérale ou/et les hydrolats.

(2) Faites chauffer le bol au bain-marie.

(3) Lorsque l'émulsifiant est totalement fondu et que le mélange commence à frémir, sortez le bol du bain-marie.

(4) Sans attendre, agitez vigoureusement pendant quelques minutes à l'aide du mini-fouet pour réaliser l'émulsion.

(5) Mettez le bol dans un fond d'eau froide pour accélérer le refroidissement et continuez à agiter pendant encore quelques minutes jusqu'au refroidissement complet.

(6) Ajoutez le conservateur, les actifs et les parfums en mélangeant entre chaque ajout.

(7) Transvasez la préparation dans votre pot ou flacon.

LES LOTIONS

Une lotion est un mélange homogène et liquide de deux ou plusieurs corps aqueux miscibles (qui se mélangent), comme deux hydrolats par exemple.

Cette technique permet d'obtenir des lotions pour le visage ou les cheveux, des brumes pour le corps, des eaux micellaires…

Ces produits sont appréciés pour leurs vertus rafraîchissantes, tonifiantes, apaisantes ou encore hydratantes sur la peau et les cheveux. L'ajout d'un conservateur est une nécessité absolue, puisque la présence d'eau et d'hydrolat favorise les développements microbiens.

MATÉRIEL NÉCESSAIRE

- Un mini-fouet ou une cuillère.
- Un bol.

LA FABRICATION D'UNE LOTION ÉTAPE PAR ÉTAPE

1. Mettez l'eau ou l'hydrolat dans un bol.

2. Ajoutez les éventuels actifs et le conservateur en mélangeant entre chaque ajout.

3. Transvasez la préparation dans le flacon.

Savoir-faire

LES LOTIONS BI-PHASE

Une lotion bi-phase est un mélange non homogène d'un ou plusieurs corps aqueux (comme de l'eau ou/et des hydrolats), avec un ou plusieurs corps huileux (comme une ou plusieurs huiles végétales). Il est nécessaire de bien agiter avant chaque emploi afin d'homogénéiser les deux corps non miscibles.

Cette technique permet d'obtenir des lotions nutritives, lotions nettoyantes, démaquillants, etc. Ces produits sont appréciés pour leurs vertus nourrissantes et leur pouvoir nettoyant doux.

Il est possible d'ajouter des actifs dans les bi-phases, et ces actifs peuvent être aussi bien hydrosolubles (solubles dans l'eau) que liposolubles (solubles dans l'huile).

L'ajout d'un conservateur est une nécessité absolue puisque la présence d'eau et/ou d'hydrolats favorise les développements microbiens.

MATÉRIEL NÉCESSAIRE

- Un mini-fouet.
- Un bol.

LA FABRICATION D'UNE LOTION BI-PHASE ÉTAPE PAR ÉTAPE

① Mettez l'eau ou l'hydrolat dans un bol.
② Ajoutez l'huile.
③ Ajoutez les éventuels actifs, fragrances et le conservateur en agitant.
④ Transvasez la préparation dans le flacon.

LES BAUMES

Un baume est un mélange homogène et solide de plusieurs corps gras miscibles (qui se mélangent), comme une huile végétale et un beurre végétal qui va apporter la consistance. L'ajout optionnel d'une cire naturelle permet d'apporter encore plus de consistance, voire de durcir le mélange pour obtenir un baume dur (adapté aux sticks par exemple), tout en apportant un effet filmogène très protecteur.

Cette technique permet d'obtenir des beurres fouettés, des baumes pour le corps et les cheveux, des sticks à lèvres…

Ces produits sont appréciés pour leurs vertus nourrissantes, réparatrices et protectrices.

Il est possible d'ajouter des actifs dans les baumes, à condition qu'ils soient liposolubles (solubles dans l'huile).

Un baume peut aussi être agrémenté de fragrances ou d'huiles essentielles.

Dans la mesure où il ne contient pas d'eau, le baume ne nécessite pas de conservateur.

MATÉRIEL NÉCESSAIRE

- Un mini-fouet.
- Un bol résistant à la chaleur (inox…).
- Un bain-marie.

LA FABRICATION D'UN BAUME ÉTAPE PAR ÉTAPE

1. Faites fondre au bain-marie à feu doux le beurre végétal et l'éventuelle cire accompagnés des huiles végétales.
2. Ajoutez les actifs et/ou huiles essentielles et fragrances en mélangeant entre chaque ajout.
3. Plongez pendant 5 minutes le bol dans un bain d'eau froide, afin de faire former une pâte bien lisse et homogène.
4. Transvasez la préparation dans le pot.

NOTE

Dans le cas d'un baume solide ou stick, le mode opératoire est le même. Cependant, la préparation est coulée à chaud alors qu'elle est encore sous forme liquide – et non sous forme pâteuse.

LES GELS

Un gel est un mélange homogène d'un ou plusieurs corps aqueux miscibles (qui se mélangent), comme l'eau et les hydrolats, associés à un gélifiant comme la gomme xanthane, qui va gélifier le mélange.

L'ajout optionnel de corps huileux comme les huiles végétales permet d'apporter un pouvoir nutritif que les corps aqueux ne peuvent pas fournir. Il est possible d'ajouter des actifs dans les gels, à condition qu'ils soient hydrosolubles (solubles dans l'eau). Un gel peut aussi être agrémenté d'extraits aromatiques pour parfumer les préparations.

Cette technique permet d'obtenir des sérums, des masques, des eye-liners, etc.

Ces produits sont appréciés pour leurs vertus hydratantes, pénétrantes et liftantes efficaces, sur le visage comme sur le corps ; ils ne laissent pas de film gras sur la peau.

L'ajout d'un conservateur est une nécessité absolue puisque la présence d'eau et d'hydrolat favorise les développements microbiens.

MATÉRIEL NÉCESSAIRE

- Un mini-fouet : il permet d'obtenir l'agitation vigoureuse qu'il faut fournir pour obtenir une texture gel.
- Un bol.
- Une petite coupelle de pesée.

LA FABRICATION D'UN GEL ÉTAPE PAR ÉTAPE

1. Mettez dans un bol l'eau minérale et les hydrolats.
2. Ajoutez la gomme xanthane en pluie sous agitation.
3. Laissez reposer la préparation pendant 10 minutes. Un gel se forme.
4. Ajoutez les éventuels actifs et extraits aromatiques, puis le conservateur, en mélangeant entre chaque ajout.
5. Transvasez la préparation dans le pot ou le flacon.

ASTUCE

Si des grumeaux de gomme persistent après agitation, laissez reposer votre préparation pendant encore 10 minutes avant d'agiter à nouveau.

LES SAVONS MELT & POUR

Les bases « Melt & Pour » sont des savons formulés de manière spéciale, notamment par ajout de glycérine et de sucrose ou sorbitol (sucres naturels), de façon à pouvoir être refondus très facilement.

Cela permet d'y ajouter des actifs, colorants, parfums ou exfoliants, puis de les couler dans le moule de votre choix pour obtenir des savons personnalisés prêts à l'emploi.

Cette technique permet d'obtenir des savons doux, naturels, dotés d'une mousse onctueuse pour la toilette du visage et du corps, et pour le lavage des mains. Ces produits sont appréciés pour leurs propriétés nettoyantes, moussantes et adoucissantes pour la peau. Les savons ne nécessitent pas de conservateur, car ils contiennent très peu d'eau et sont concentrés en savon, ce qui les rend peu propices aux développements microbiens.

MATÉRIEL NÉCESSAIRE

- Un mini-fouet ou une cuillère.
- Un ou deux bols résistants à la chaleur (inox, …).
- Un bain-marie.

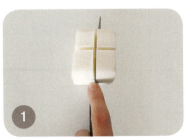

LA FABRICATION D'UN SAVON « MELT & POUR » ÉTAPE PAR ÉTAPE

① Découpez la quantité souhaitée de base de savon « Melt & Pour » à l'aide d'un couteau.

② Dans un bol, faites fondre au bain-marie la base de savon, puis retirez du feu.

③ Ajoutez les éventuels actifs, huiles essentielles et éventuels colorants et/ou exfoliants en mélangeant entre chaque ajout.

④ Coulez votre savon dans le moule.

⑤ Laissez figer votre savon avant de le démouler, puis laissez-le sécher environ 24 heures avant utilisation.

ASTUCES

• Faites légèrement réchauffer votre préparation si cette dernière est devenue trop épaisse au moment du coulage.

• Pré-mélangez les poudres dans un peu d'eau pour faciliter leur dispersion dans la base de savon fondue.

• Pour éliminer les bulles à la surface des savons, vaporisez-les avec de l'alcool (en utilisant un flacon type « spray ») juste après les avoir coulés, avant qu'ils ne soient solidifiés.

• Pour réaliser des savons bicolores en couches, versez une première couche dans le moule et attendez une dizaine de minutes qu'elle soit solidifiée. Pendant ce temps, préparez la deuxième base colorée, puis versez la deuxième couche sur la première, laissez figer et ainsi de suite.

• Pour maintenir les mélanges liquides, tenez-les au chaud. Pour accélérer le refroidissement, vous pouvez placer vos réalisations au réfrigérateur.

• Pour colorer en plusieurs couleurs le motif du savon, aidez-vous d'une pointe de couteau pour déposer le savon liquide par petites touches là où vous le souhaitez.

• Pour préserver l'aspect lisse de vos savons, conservez-les dans un contenant hermétique.

LES PRODUITS MOUSSANTS

Les produits moussants sont des produits aqueux contenant des tensioactifs moussants et nettoyants.

Les tensioactifs sont capables de capter les graisses et les impuretés à la surface de la peau et des cheveux. Ces saletés se retrouvent alors en suspension dans l'eau et sont éliminées lors du rinçage.

Cette technique permet d'obtenir des shampooings, des gels douches, des gels nettoyants pour le visage, des bains moussants, etc.

Ces produits sont appréciés pour leurs propriétés moussantes et nettoyantes sur la peau et les cheveux.

Pour préparer un produit moussant avec des propriétés satisfaisantes (viscosité, pouvoir lavant, pouvoir moussant, douceur…), il est en général nécessaire d'associer plusieurs tensioactifs. Ceux-ci doivent être mélangés avec de l'eau (ou un hydrolat) dans des proportions adéquates.

L'ajout d'un conservateur est une nécessité absolue car la présence d'eau favorise les développements microbiens.

Les produits moussants peuvent être enrichis d'actifs, à condition qu'ils soient hydrosolubles (solubles dans l'eau). Bien qu'elles ne soient pas hydrosolubles, des huiles essentielles ou fragrances peuvent aussi être ajoutées en petite quantité (une quantité trop importante va fluidifier le produit moussant).

MATÉRIEL NÉCESSAIRE

- Un mini-fouet ou une cuillère.
- Un bol.

**FABRICATION D'UN PRODUIT MOUSSANT
À PARTIR D'UNE BASE LAVANTE ÉTAPE PAR ÉTAPE**

① Mélangez les tensioactifs et les éventuelles huiles essentielles dans un bol.

② Incorporez l'eau ou l'hydrolat en mélangeant délicatement à l'aide du fouet.

③ Ajoutez les actifs et le conservateur, puis mélangez de nouveau au fouet pour obtenir une préparation homogène.

④ Transférez la préparation dans un flacon.

ASTUCES

• *Lors de la préparation de vos produits moussants, mélangez délicatement afin d'éviter un excédent de bulles.*

• *Les huiles essentielles font perdre de la viscosité aux produits moussants en les rendant liquides. Nous vous conseillons de les pré-mélanger aux tensioactifs.*

LES PRODUITS MOUSSANTS SOLIDES

Ce sont des produits anhydres (sans eau) contenant des tensioactifs solides (sous forme de poudre) moussants et nettoyants. Les tensioactifs seront d'abord agglomérés à l'aide d'une petite quantité d'eau, puis séchés à l'air libre afin d'éliminer l'eau présente dans le produit.

Les tensioactifs sont capables de capter les graisses et les impuretés à la surface de la peau et des cheveux. Ces saletés se retrouvent alors en suspension dans l'eau et sont éliminées lors du rinçage.

Cette technique permet d'obtenir des shampooings solides (ou « barres ») ou encore des barres de douche, produits écologiques et pratiques. Ces produits sont appréciés pour leurs propriétés moussantes et nettoyantes sur la peau et les cheveux. Les produits moussants solides peuvent être enrichis d'huiles et de beurres végétaux pour ajouter un effet nourrissant sur la peau ou les cheveux. Ils peuvent être également agrémentés d'actifs, préférentiellement hydrosolubles, et de fragrances ou huiles essentielles.

Si vous avez une peau sensible ou un terrain allergique, nous vous conseillons de porter des gants pour réaliser ce type de préparation.

FABRICATION D'UN PRODUIT MOUSSANT SOLIDE ÉTAPE PAR ÉTAPE

① Mettez dans un bol le ou les tensioactifs solides, l'eau minérale et les éventuelles huiles végétales.

② Faites chauffer le bol au bain-marie en mélangeant tout au long de la chauffe afin de former une pâte très collante.

③ Lorsque la préparation est pâteuse, sortez le bol du bain-marie.

④ Ajoutez les éventuels actifs, fragrances et huiles essentielles en mélangeant entre chaque ajout.

⑤ Transvasez la préparation dans le moule en évitant les bulles d'air.

⑥ Faites refroidir votre produit au réfrigérateur pendant environ 15 minutes avant de le démouler.

⑦ Laissez sécher à l'air libre au moins 48 heures avant utilisation.

LE LINIMENT OLÉO-CALCAIRE

Le liniment est une formule traditionnelle composée de quantités égales d'huile végétale (« oléo ») et d'eau de chaux (« calcaire »). L'ajout d'un peu de cire d'abeille permet de stabiliser le mélange, qui sans cela aura tendance à se séparer au fil du temps (bien agiter le produit avant usage).

Le liniment est un lait gras très doux, idéal pour la toilette des peaux sensibles et qui laissera un film protecteur sur la peau.

Ce produit est recommandé pour la toilette des fesses des bébés lors du change. Il nettoie tout en laissant un film protecteur qui va nourrir et protéger la peau fragile des fesses de bébé. Il préviendra les érythèmes fessiers en limitant les rougeurs et irritations causées par la présence d'humidité.

Le liniment oléo-calcaire s'applique également sur les croûtes de lait qui se forment sur la tête des nourrissons ou encore sur les parties sèches du corps de bébé. Le liniment est aussi très prisé en tant que démaquillant idéalement chez les peaux sèches et sensibles.

Le liniment se conserve très bien sans nécessiter l'ajout d'un conservateur (ajoutez éventuellement de la vitamine E pour protéger l'huile du rancissement).

Le liniment peut être enrichi d'extraits aromatiques, pour apporter une odeur agréable.

MATÉRIEL NÉCESSAIRE

- 2 bols résistants à la chaleur (inox, …).
- Un mini-fouet.

FABRICATION D'UN LINIMENT OLÉO-CALCAIRE ÉTAPE PAR ÉTAPE

① Versez l'huile végétale dans un premier bol, puis ajoutez éventuellement la cire d'abeille.

② Dans un second bol, versez l'eau de chaux.

③ Faites chauffer les deux bols au bain-marie.

④ Lorsque la cire d'abeille est totalement fondue et que l'eau de chaux commence à frémir, sortez les bols du bain-marie

⑤ Ajoutez lentement l'eau de chaux frémissante dans le premier bol tout en agitant vigoureusement durant 3 minutes.

⑥ Placez le bol dans un fond d'eau froide et continuez d'agiter jusqu'à refroidissement.

⑦ Ajoutez éventuellement l'extrait aromatique de vanille et la vitamine E, puis mélangez.

⑧ Transvasez la préparation dans un flacon.

ASTUCE

Bien agiter avant chaque emploi.

LES SÉRUMS HUILEUX

Un sérum huileux est un mélange homogène et liquide de plusieurs corps huileux miscibles (qui se mélangent), comme deux huiles végétales par exemple. Cette technique permet d'obtenir des huiles pour le soin du visage, du corps et des cheveux, des démaquillants huileux, des huiles de massage…

Un sérum huileux ne nécessite pas de conservateur puisqu'il ne contient pas d'eau : ce n'est pas un milieu favorable aux développements microbiens.

L'ajout d'un antioxydant (vitamine E ou extrait CO_2 de romarin) peut être intéressant pour prolonger la conservation, surtout si les huiles utilisées sont sensibles à l'oxydation.

Ces produits sont appréciés pour leurs vertus nourrissantes, protectrices et émollientes.

MATÉRIEL NÉCESSAIRE

- Un mini-fouet ou une cuillère.
- Un bol.

LA FABRICATION D'UN SÉRUM ÉTAPE PAR ÉTAPE

1. Mettez les huiles végétales dans un bol en les dosant à l'aide de la pipette.
2. Ajoutez les huiles essentielles et éventuels actifs (solubles dans l'huile) en mélangeant entre chaque ajout.
3. Transvasez la préparation dans le flacon à l'aide, si besoin est, de la pipette.

Savoir-faire

LOTION PRODIGIEUSE
Nouvelle peau

Mariage précieux des hydrolats de jasmin et d'ylang-ylang, cette lotion florale perfectrice de teint révèle jour après jour une peau plus lisse, plus jeune et plus lumineuse. Gorgée d'acides de fruits, elle stimule le renouvellement cellulaire, unifie le teint et affine le grain de peau. Pour une peau de soie et un teint radieux, vaporisez-la sur le visage avant d'appliquer votre soin de jour ou de nuit.

Lotion visage ◆ Tous types de peau ◆ 10 minutes ◆ Facile ◆ 3 mois

CONTENANT Flacon vaporisateur de 100 ml

MATÉRIEL
Balance de précision ou :
Verre doseur de 25 ml
Cuillère de dosage de 2 ml

INGRÉDIENTS
Eau aromatique de jasmin – 45 g (ou 45 ml)
Hydrolat d'ylang-ylang – 45 g (ou 45 ml)
Actif AHA-acides de fruits* – 3 g
  (ou 67 gouttes)
Actif urée – 4,8 g (ou 3 cuillères de 2 ml)
Conservateur Cosgard* – 0,6 g
  (ou 20 gouttes)

- Versez l'ensemble des ingrédients dans un flacon.
- Fermez le flacon, puis agitez jusqu'à la solubilisation complète de l'urée.

Lotions & démaquillants

* Dénomination Aroma-Zone, voir lexique en fin d'ouvrage.

LOTION AROMATIQUE
Peau nette

Perfectrice de peau, cette lotion végétale allie les vertus de trois plantes aromatiques purifiantes aux propriétés antibactériennes puissantes de l'acide salicylique pour libérer durablement la peau des imperfections. Elle assainit les peaux grasses, stimule le renouvellement cutané, lisse le grain de peau, lutte contre les points noirs et calme les inflammations. Vaporisez sur l'ensemble du visage juste avant le soin de jour ou de nuit. Jour après jour, la peau retrouve pureté et éclat.

Lotion visage ◊ Peaux mixtes à grasses ◊ 10 minutes ◊ Facile ◊ 3 mois

CONTENANT Flacon vaporisateur de 50 ml

MATÉRIEL
Balance de précision ou :
Pipette graduée de 10 ml

INGRÉDIENTS
Hydrolat de menthe verte – 30 g (ou 30 ml)
Hydrolat d'achillée millefeuille
    – 10 g (ou 10 ml)
Hydrolat de thym à linalol – 5 g (ou 5 ml)
Glycérine végétale – 2,5 g (ou 2 ml)
Actif acide salicylique végétal
    – 5 g (ou 5 ml)

- Mettez l'ensemble des ingrédients dans un flacon vaporisateur.
- Fermez le flacon et agitez.

Lotions & démaquillants

ROSÉE HYDRATANTE
super repulpante

Secret pour peau fraîche et désaltérée, cette rosée de soin illumine la peau et réveille l'éclat du teint chaque matin. À la fois lotion et sérum de beauté, elle tonifie et hydrate le visage en un seul geste. Concentrée en poudre d'aloe vera régénérante et raffermissante et en acide hyaluronique – au pouvoir hydratant et repulpant intense –, elle rafraîchit et lisse la peau en lui procurant un toucher doux et velouté.

Avant le soin de jour, vaporisez cette rosée hydratante sur l'ensemble du visage, puis massez la peau en tapotant délicatement du bout des doigts afin de faire pénétrer le soin. La peau se révèle souple et radieuse, enveloppée d'un délicieux parfum fruité et ensoleillé.

Lotion visage ◊ Tous types de peau ◊ 30 minutes ◊ Facile ◊ 3 mois

CONTENANT Flacon vaporisateur de 30 ml

MATÉRIEL
Bol
Mini-fouet
Balance de précision ou :
Verre doseur de 25 ml
Pipette graduée de 10 ml
Cuillère de dosage de 0,5 ml
Cuillère de dosage de 0,05 ml

INGRÉDIENTS
Eau minérale – 30 g (ou 30 ml)
Aloe vera en poudre – 0,15 g
   (ou 5 cuillères de 0,05 ml)
Actif acide hyaluronique – 0,1 g
   (ou 1 cuillère de 0,5 ml)
Actif urée – 0,4 g (ou 1 cuillère de 0,5 ml)
Glycérine végétale – 1,2 g (ou 1 ml)
Extrait aromatique de melon
   – 0,3 g (ou 18 gouttes)
Conservateur Cosgard* – 0,3 g
   (ou 11 gouttes)

- Mélangez l'ensemble des ingrédients dans un bol, puis laissez reposer 20 minutes en mélangeant de temps en temps jusqu'à la solubilisation totale de l'acide hyaluronique et de l'urée.
- Transvasez la préparation dans un flacon, à l'aide de la pipette si nécessaire.
- Si des grumeaux d'acide hyaluronique persistent, laissez reposer la préparation 15 minutes de plus, toujours en mélangeant de temps en temps.

* Dénomination Aroma-Zone, voir lexique en fin d'ouvrage.

EAU PURIFIANTE
aux trois Agrumes

Pluie de fraîcheur et de pureté, cette eau micellaire marie les bienfaits des eaux aromatiques de yuzu, de pamplemousse et de citron pour réguler l'excès de sébum, désincruster les pores et raviver l'éclat du teint. Enrichie en actifs naturels hydratants, elle adoucit et assouplit la peau jour après jour et aide à retrouver un grain de peau régulier et un teint unifié. Pour un démaquillage très doux, appliquez cette lotion avec un coton sur l'ensemble du visage pour éliminer maquillage et impuretés. Bienfaisante, cette eau micellaire ne se rince pas et enveloppe la peau d'un parfum d'été.

Lotion nettoyante visage ◊ Tous types de peau ◊ 10 minutes ◊ Facile ◊ 3 mois

CONTENANT Flacon de 150 ml

MATÉRIEL
Bol
Mini-fouet
Balance de précision ou :
Verre doseur de 25 ml
Pipette graduée de 10 ml
Cuillère de dosage de 2 ml

INGRÉDIENTS
Tensioactif Mousse de sucre*
— 4,4 g (ou 4 ml)
Huile essentielle de yuzu
— 0,15 g (ou 5 gouttes)
Eau aromatique de yuzu — 65 g (ou 65 ml)
Eau aromatique de pamplemousse
— 40 g (ou 40 ml)
Eau aromatique de citron — 30 g (ou 30 ml)
Actif urée — 3,2 g (ou 2 cuillères de 2 ml)
Acide lactique — 0,1 g (ou 3 gouttes)
Conservateur Leucidal* — 5,8 g (ou 5 ml)

- Mélangez le tensioactif Mousse de sucre et l'huile essentielle de yuzu dans un bol.
- Ajoutez le reste des ingrédients et mélangez jusqu'à la solubilisation complète de l'urée.
- Transvasez la préparation dans un flacon.

Lotions & démaquillants

* Dénomination Aroma-Zone, voir lexique en fin d'ouvrage.

BAUME DÉMAQUILLANT au Raisin

Réinventez votre rituel beauté du soir avec ce baume démaquillant onctueux, qui élimine le maquillage du visage et des yeux. Riche en huile végétale de pépins de raisin nourrissante, régénérante et désincrustante, ce baume démaquillant adoucit, assouplit et protège la peau sans laisser de film gras. Passez un disque de coton humidifié à la surface du baume, démaquillez-vous, puis rincez votre visage à l'eau claire.

Démaquillant / Tous types de peau / 20 minutes / Facile / 6 mois

CONTENANT Pot de 120 ml

MATÉRIEL
Bol résistant à la chaleur (inox…)
Mini-fouet
Balance de précision ou :
Verre doseur de 25 ml
Cuillère de dosage de 2 ml

INGRÉDIENTS
Huile végétale de pépins
de raisin – 27,6 g (ou 30 ml)
Huile végétale d'avocat – 4,6 g (ou 5 ml)
Beurre végétal de sal – 22,5 g (ou 25 ml)
Émulsifiant Olivem 1000* – 50 g
   (ou 5 verres doseurs de 25 ml)
Cire de carnauba – 1,9 g
   (ou 2 cuillères de 2 ml)
Tensioactif Base consistance*
   (fondu) – 13 g (ou 12 ml)

- Versez l'ensemble des ingrédients dans un bol.
- Faites fondre l'ensemble au bain-marie, puis retirez du feu.
- Coulez la préparation dans un pot et placez-la au réfrigérateur pour la faire durcir.

* Dénomination Aroma-Zone, voir lexique en fin d'ouvrage.

LOTION DÉMAQUILLANTE
« 1, 2, 3 douceur » à la Rose

Avec son dégradé de nuances délicates, ce soin se transforme en une rosée démaquillante très douce dès que l'on agite le flacon. Gorgé d'hydrolat de rose apaisant et d'huile végétale de ricin adoucissante, ce démaquillant élimine le maquillage et nettoie le visage en un seul geste. Agitez bien le flacon, puis appliquez le démaquillant à l'aide d'un coton sur l'ensemble du visage, sans rincer. Évanescent, il laissera votre peau fraîche, souple et veloutée.

Démaquillant ◊ Tous types de peau ◊ 10 minutes ◊ Facile ◊ 1 mois au réfrigérateur

CONTENANT Flacon de 150 ml

MATÉRIEL
Bol
Mini-fouet
Balance de précision
  ou Verre doseur de 25 ml

INGRÉDIENTS
Hydrolat de rose – 50 g (ou 50 ml)
Jus de betterave – 0,15 g (ou 4 gouttes)
Conservateur Cosgard* – 0,9 g
  (ou 31 gouttes)
Huile végétale de ricin – 46 g (ou 50 ml)
Émollient Dry Touch* – 37 g (ou 50 ml)

- Versez l'hydrolat de rose dans un flacon, puis ajoutez l'extrait de betterave et le conservateur.
- Fermez le flacon et agitez.
- Ajoutez l'huile de ricin et l'émollient Dry Touch.
- Fermez le flacon.

* Dénomination Aroma-Zone, voir lexique en fin d'ouvrage.

GELÉE NETTOYANTE DÉLICATE
Miel & Fleur d'oranger

Chaque soir et chaque matin, enveloppez votre peau de rosée avec cette gelée nettoyante au parfum de miel et de fleur d'oranger. Enrichie en gel d'aloe vera, elle laisse la peau souple, douce et hydratée. Pour un nettoyage délicat, appliquez une petite noisette sur la peau humide, faites mousser, puis rincez à l'eau claire.

Nettoyant visage ◊ Tous types de peau ◊ 10 minutes ◊ Facile ◊ 3 mois au réfrigérateur

CONTENANT Flacon de 50 ml

MATÉRIEL
Bol
Mini-fouet
Balance de précision ou :
Verre doseur de 25 ml
Pipette graduée de 10 ml
Cuillère de dosage de 2 ml

INGRÉDIENTS
Hydrolat de fleur d'oranger – 3 g (ou 3 ml)
Miel en poudre – 0,7 g
  (ou ½ cuillère de 2 ml)
Gel d'aloe vera – 40 g (ou 40 ml)
Tensioactif Mousse de babassu*
  – 5,3 g (ou 5 ml)

- Mélangez l'hydrolat et la poudre de miel dans un bol.
- Ajoutez le reste des ingrédients, puis mélangez de nouveau au fouet pour obtenir une préparation homogène.
- Transférez la préparation dans un flacon à l'aide de la pipette, si nécessaire.

Lotions & démaquillants

* Dénomination Aroma-Zone, voir lexique en fin d'ouvrage.

LINIMENT ONCTUEUX au Calendula

Compagnon des peaux sèches, fragiles et sensibles, le traditionnel liniment « eau de chaux-huile d'olive » est ici revisité en une version encore plus douce avec le macérât de calendula et la cire d'abeille. Ce lait onctueux à la formule apaisante, nourrissante et anti-inflammatoire, démaquille, assouplit la peau et y dépose un léger film protecteur. Très bien toléré par les peaux délicates, il s'applique avec un coton sans rincer et peut aussi nettoyer parfaitement la peau fine et fragile des bouts de chou. Un basique inégalé, au parfum d'enfance végétal et vanillé !

Nettoyant corps et visage ◊ Peaux sèches et sensibles ◊ 20 minutes ◊ Avancé ◊ 3 mois

CONTENANT Flacon de 150 ml

MATÉRIEL
2 bols résistants à la chaleur (inox…)
Mini-fouet
Balance de précision ou :
Verre doseur de 25 ml
Cuillère de dosage de 2 ml

INGRÉDIENTS
Macérât huileux de calendula – 64,4 g (ou 70 ml)
Cire d'abeille – 4 g (ou 4 cuillères de 2 ml)
Eau de chaux – 65 g (ou 65 ml)
Extrait aromatique de vanille – 8 g (ou 10 ml)
Vitamine E – 0,3 g (ou 11 gouttes)

- Versez le macérât huileux de calendula dans un premier bol, puis ajoutez la cire d'abeille.
- Dans un second bol, versez l'eau de chaux.
- Faites chauffer les deux bols au bain-marie.
- Lorsque la cire d'abeille est totalement fondue et que l'eau de chaux commence à frémir, sortez les bols du bain-marie.
- Ajoutez lentement l'eau de chaux frémissante dans le premier bol, tout en agitant vigoureusement durant 3 minutes.
- Placez le bol dans un fond d'eau froide et continuez d'agiter jusqu'à refroidissement.
- Ajoutez l'extrait aromatique de vanille et la vitamine E, puis mélangez.
- Transvasez la préparation dans un flacon.

Lotions & démaquillants

SÉRUM UNIFIANT
au Lys blanc

Concentré de lumière pour le visage, ce soin lacté au lys blanc corrige les taches pigmentaires et unifie le teint. Réputé pour son action éclaircissante, le macérât de lys s'entoure d'une synergie d'actifs végétaux correcteurs et illuminateurs, pour estomper et prévenir les taches cutanées en toute sécurité. Pour un teint éclatant, appliquez quelques gouttes de ce soin sur l'ensemble du visage avant votre soin de jour ou en tant que soin de nuit.

Sérum visage ◊ Tous types de peau ◊ 10 minutes ◊ Facile ◊ 3 mois au réfrigérateur

CONTENANT Flacon pompe de 30 ml

MATÉRIEL
Bol
Mini-fouet
Balance de précision ou :
Pipette graduée de 10 ml

INGRÉDIENTS
Gel d'aloe vera – 25 g (ou 25 ml)
Macérât huileux de lys – 2,8 g (ou 3 ml)
Actif Melano'regul* – 0,9 g (ou 23 gouttes)
Actif concentré Éclat & Lumière*
  – 1,1 g (ou 1 ml)
Extrait aromatique d'abricot
  – 0,6 g (ou 36 gouttes)

- Mettez le gel d'aloe vera dans un bol.
- Ajoutez le reste des ingrédients et mélangez.
- Transvasez la préparation dans un flacon, à l'aide de la pipette si nécessaire.

* Dénomination Aroma-Zone, voir lexique en fin d'ouvrage.

SÉRUM ENSOLEILLANT
à la carotte

Révélateur de « bonne mine », ce sérum sorbet au parfum de fruits d'été apporte un hâle naturel à toutes les peaux grâce à son action autobronzante naturelle et progressive. Riche en huile végétale de tomate aux propriétés régénérantes et antioxydantes, il préserve également la jeunesse de la peau et favorise le renouvellement cellulaire. Pour un effet ensoleillé toute l'année, appliquez de façon uniforme sur l'ensemble du visage, avant ou en guise de soin de jour, puis lavez-vous les mains après application.

Sérum visage | Tous types de peau | 20 minutes | Facile | 3 mois

CONTENANT Flacon compte-goutte de 30 ml

MATÉRIEL
Bol résistant à la chaleur (inox…)
Mini-fouet
Balance de précision ou :
Pipette graduée de 10 ml
Cuillère de dosage de 0,5 ml
Cuillère de dosage de 2 ml

INGRÉDIENTS
Huile végétale de tomate – 1,8 g (ou 2 ml)
Hydrolat de carotte – 25 g (ou 25 ml)
Émulsifiant Cœur de crème* – 1,4 g
   (ou 4 cuillères de 0,5 ml)
Actif DHA naturelle – 0,9 g
   (ou 2 cuillères de 2 ml)
Extrait aromatique de melon
   – 0,4 g (ou 25 gouttes)
Conservateur Cosgard*
   – 0,25 g (ou 8 gouttes)

- Versez l'huile de tomate et l'hydrolat de carotte dans un bol, puis ajoutez l'émulsifiant Cœur de crème.
- Faites chauffer le bol au bain-marie.
- Lorsque l'émulsifiant est totalement fondu, sortez le bol du bain-marie et agitez vigoureusement durant 3 minutes.
- Mettez le bol dans un fond d'eau froide et continuez d'agiter jusqu'à refroidissement.
- Ajoutez la DHA, l'extrait aromatique de melon et le conservateur, puis mélangez.
- Transvasez la préparation dans un flacon compte-gouttes, à l'aide de la pipette si nécessaire.

* Dénomination Aroma-Zone, voir lexique en fin d'ouvrage.

SÉRUM MATIFIANT au Bambou

Léger et fondant, ce sérum végétal dépose un voile matifiant sur la peau et lui procure un toucher « peau de pêche ». Riche en hydrolat de bambou et en microsphères de silice, il purifie, hydrate, apaise la peau, atténue les brillances et resserre les pores. Pour une peau parfaite, appliquez ce sérum avec un coton sur le visage en soin de jour.

Sérum visage ◊ Peaux grasses ◊ 20 minutes ◊ Facile ◊ 3 mois

CONTENANT Flacon de 30 ml

MATÉRIEL
Bol résistant à la chaleur (inox…)
Mini-fouet
Balance de précision ou :
Pipette graduée de 10 ml
Cuillère de dosage de 0,5 ml

INGRÉDIENTS
Huile végétale de jojoba – 2,8 g (ou 3 ml)
Hydrolat de bambou – 25 g (ou 25 ml)
Émulsifiant Cœur de crème* – 1,4 g
  (ou 4 cuillères de 0,5 ml)
Microsphères de silice – 0,9 g
  (ou 4 cuillères de 0,5 ml)
Huile essentielle de yuzu – 0,1 g
  (ou 4 gouttes)
Conservateur Cosgard*
  – 0,2 g (ou 7 gouttes)

- Versez l'huile de jojoba et l'hydrolat de bambou dans un bol, puis ajoutez l'émulsifiant cœur de crème.
- Faites chauffer le bol au bain-marie.
- Lorsque l'émulsifiant est totalement fondu, sortez le bol du bain-marie et agitez vigoureusement durant 3 minutes.
- Mettez le bol dans un fond d'eau froide et continuez d'agiter jusqu'à refroidissement.
- Ajoutez les microsphères de silice, l'huile essentielle de yuzu et le conservateur, puis mélangez.
- Transvasez la préparation dans un flacon, à l'aide de la pipette si nécessaire.

* Dénomination Aroma-Zone, voir lexique en fin d'ouvrage.

SÉRUM BONNE MINE
Carotte, Gingembre & Citron

Parfum de smoothie vitaminé et texture sorbet rafraîchissante pour ce sérum bonne-mine gorgé de vitamines ! Son cocktail antioxydant de carotte, de gingembre et de citron revitalise les peaux fatiguées et illumine le teint. Appliquez-en une petite noisette avant le soin de jour : son parfum acidulé fera pétiller votre journée.

Sérum visage ◊ Peaux ternes ◊ 10 minutes ◊ Facile ◊ 3 mois au réfrigérateur

CONTENANT Flacon pompe 30 ml

MATÉRIEL
Bol
Mini-fouet
Pipette graduée 10 ml

INGRÉDIENTS
Gel d'aloe vera — 25 g (25 ml)
Eau aromatique de citron — 3 g (3 ml)
Macérât huileux de carotte — 1,8 g (2 ml)
Huile essentielle de gingembre
  — 0,05 g (2 gouttes)
Extrait aromatique de melon
  — 0,2 g (11 gouttes)

- Mettez le gel d'aloe vera dans un bol.
- Ajoutez le reste des ingrédients et mélangez.
- Transférez la préparation dans un flacon pompe, à l'aide de la pipette si nécessaire.

HUILE DE BEAUTÉ BERBÈRE
à la Rose du désert

Secret de beauté pour princesse berbère, cet élixir conjugue les vertus anti-âge exceptionnelles des huiles de figue de Barbarie, de dattier du désert, d'argan et de rose. Raffermissante, régénérante, nourrissante et adoucissante, cette huile ravive le teint, lisse les traits et apporte de l'éclat à la peau. Sa texture évanescente pénètre instantanément dans la peau et la laisse douce et satinée. Pour un rituel de beauté précieux, appliquez quelques gouttes de cette huile avant votre soin de jour et en guise de soin de nuit.

Huile visage ❘ Peaux matures ❘ 5 minutes ❘ Facile ❘ 6 mois

CONTENANT Flacon compte-gouttes de 30 ml

MATÉRIEL
Balance de précision ou :
Pipette graduée de 10 ml

INGRÉDIENTS
Huile végétale de figue de Barbarie – 9,2 g (ou 10 ml)
Huile végétale d'argan – 9,2 g (ou 10 ml)
Huile végétale de dattier du désert – 9,2 g (ou 10 ml)
Huile essentielle de rose de Damas – 0,1 g (ou 4 gouttes)
Huile essentielle de linaloe (baies) – 0,1 g (ou 4 gouttes)

- Mettez l'ensemble des ingrédients dans un flacon compte-gouttes.
- Fermez le flacon et agitez.

ÉLIXIR DE JOUVENCE
Onagre & Figue de Barbarie

Alchimie d'huiles rares et d'essences précieuses, cet élixir revitalise la peau et insuffle une nouvelle lumière au teint. Véritable cure de vie, il nourrit, protège, restructure et tonifie la peau. Appliquez quelques gouttes de cet élixir de jouvence sur le visage, avant votre soin de jour ou en tant que soin de nuit, pour ranimer les mécanismes de renouvellement cellulaire et savourer en toute sérénité le passage des années.

Huile visage ◊ Peaux matures ◊ 10 minutes ◊ Facile ◊ 6 mois

CONTENANT Flacon compte-gouttes de 30 ml

MATÉRIEL
Balance de précision ou verre doseur de 25 ml

INGRÉDIENTS
Huile végétale d'onagre – 18,4 g (ou 20 ml)
Huile végétale de figue de Barbarie – 9,2 g (ou 10 ml)
Huile essentielle de bois de rose – 0,3 g (ou 10 gouttes)
Huile essentielle de santal – 0,3 g (ou 10 gouttes)
Vitamine E – 0,06 g (ou 2 gouttes)

- Mettez l'ensemble des ingrédients dans un flacon compte-gouttes.
- Fermez le flacon et agitez.

ÉLIXIR DE BEAUTÉ
aux Fleurs des champs

Bouquet de fleurs champêtres aux vertus anti-âge, cet élixir illumine votre visage et préserve toute sa jeunesse. Lin, bourrache et fleurs de bleuet rayonnent de tous leurs bienfaits dans ce soin fondant, qui hydrate, tonifie, protège et régénère la peau. Pour un teint reposé et une peau revitalisée, appliquez quelques gouttes de cet élixir avant votre soin de jour ou en tant que soin de nuit. Fraîche et végétale, sa senteur évoque une prairie d'herbes folles et de fleurs sauvages.

Sérum visage ◊ Tous types de peau ◊ 20 minutes ◊ Facile ◊ 3 mois

CONTENANT Flacon compte-gouttes de 50 ml

MATÉRIEL
Bol résistant à la chaleur (inox…)
Mini-fouet
Balance de précision ou :
Cuillère de dosage de 2 ml
Pipette graduée de 10 ml

INGRÉDIENTS
Hydrolat de bleuet – 40 g (ou 40 ml)
Émulsifiant Cœur de crème* – 3,8 g
   (ou 2,5 cuillères de 2 ml)
Huile végétale de bourrache
   – 4,6 g (ou 5 ml)
Huile essentielle de linaloe (baies)
   – 0,3 g (ou 10 gouttes)
Actif Bio-remodelant* (extrait
   de lin) – 2,2 g (ou 2 ml)
Conservateur Cosgard* – 0,3 g
   (ou 10 gouttes)

- Versez l'hydrolat de bleuet dans un bol, puis ajoutez l'émulsifiant Cœur de crème.
- Faites chauffer le bol au bain-marie.
- Lorsque l'émulsifiant est totalement fondu, sortez le bol du bain-marie et agitez vigoureusement durant 3 minutes.
- Placez le bol dans un fond d'eau froide et continuez d'agiter jusqu'à refroidissement.
- Ajoutez les huiles de bourrache et de linaloe, l'extrait de lin et le conservateur. Puis mélangez.
- Transvasez la préparation dans un flacon compte-gouttes, à l'aide de la pipette si nécessaire.

Sérums, élixirs et huiles de beauté

* Dénomination Aroma-Zone, voir lexique en fin d'ouvrage.

CRÈME DES REINES à l'Immortelle

Digne des soins les plus luxueux, cette crème de jeunesse concentre les meilleurs ingrédients naturels anti-âge en un soin à la texture fondante et veloutée. Riche en huile végétale de rose musquée, elle régénère, assouplit, nourrit la peau et atténue les rides. Les huiles essentielles de linaloe et d'immortelle offrent leurs vertus toniques, régénérantes et réparatrices à ce soin d'exception, qui révèle un teint radieux et unifié, aux traits lissés et reposés.

Crème visage ◊ Tous types de peau ◊ 20 minutes ◊ Facile ◊ 3 mois

CONTENANT Pot de 30 ml

MATÉRIEL
Bol résistant à la chaleur (inox…)
Mini-fouet
Balance de précision ou :
Pipette graduée de 10 ml
Cuillère de dosage de 2 ml

INGRÉDIENTS
Huile végétale de rose musquée
 — 6 g (ou 6,5 ml)
Hydrolat de bleuet — 20 g (ou 20 ml)
Émulsifiant Cœur de crème* — 2,3 g
 (ou 2 cuillères de 2 ml)
Huile essentielle d'hélichryse italienne
 (immortelle) — 0,15 g (ou 5 gouttes)
Huile essentielle de linaloe (baies)
 — 0,15 g (ou 5 gouttes)
Conservateur Cosgard*
 — 0,2 g (ou 7 gouttes)

- Versez l'huile de rose musquée et l'hydrolat de bleuet dans un bol, puis ajoutez l'émulsifiant Cœur de crème.
- Faites chauffer le bol au bain-marie.
- Lorsque l'émulsifiant est totalement fondu, sortez le bol du bain-marie et agitez vigoureusement durant 3 minutes.
- Mettez le bol dans un fond d'eau froide et continuez d'agiter jusqu'à refroidissement.
- Ajoutez les huiles essentielles d'hélichryse italienne et de linaloe, puis le conservateur et mélangez.
- Transvasez la préparation dans un pot.

Crèmes de soin

* Dénomination Aroma-Zone, voir lexique en fin d'ouvrage.

CRÈME DE NUIT JEUNESSE
aux fleurs de Ciste

Vous voilà dans les bras de Morphée et votre peau se régénère, enveloppée de cette crème de reine aux fleurs précieuses. Ciste et bourrache allient leurs propriétés revitalisantes, toniques et anti-âge dans ce soin délicat qui raffermit la peau, prévient le vieillissement cutané, lutte contre les rides et favorise la microcirculation pour effacer les rougeurs. Appliquez ce soin chaque soir avant de vous coucher sur une peau propre et sèche. Dormez paisiblement… et réveillez-vous chaque matin la peau veloutée, les traits lissés et le teint lumineux.

Crème visage ◊ Tous types de peau ◊ 20 minutes ◊ Facile ◊ 3 mois

CONTENANT Pot de 30 ml

MATÉRIEL
Bol résistant à la chaleur (inox…)
Mini-fouet
Balance de précision ou :
Verre doseur de 25 ml
Cuillère de dosage de 2 ml

INGRÉDIENTS
Huile végétale de bourrache – 4,6 g (ou 5 ml)
Hydrolat de ciste – 20 g (ou 20 ml)
Émulsifiant Cœur de crème* – 3,9 g (ou 3 cuillères de 2 ml)
Huile essentielle de géranium d'Égypte – 0,15 g (ou 5 gouttes)
Huile essentielle de ciste – 0,06 g (ou 2 gouttes)
Conservateur Cosgard* – 0,2 g (ou 7 gouttes)

- Versez l'huile de bourrache et l'hydrolat de ciste dans un bol, puis ajoutez l'émulsifiant Cœur de crème.
- Faites chauffer le bol au bain-marie.
- Lorsque l'émulsifiant est totalement fondu, sortez le bol du bain-marie et agitez vigoureusement durant 3 minutes.
- Mettez le bol dans un fond d'eau froide et continuez d'agiter jusqu'à refroidissement.
- Ajoutez les huiles essentielles de géranium d'Égypte et de ciste, puis le conservateur et mélangez.
- Transvasez la préparation dans un pot.

* Dénomination Aroma-Zone, voir lexique en fin d'ouvrage.

CRÈME PEAU NEUVE
aux acides de Fruits

Dévoilez un teint à croquer et un grain de peau parfait grâce à cette crème aérienne au parfum d'abricot vanillé. Naturellement coloré, ce soin ensoleillant à l'effet bonne mine hydrate, adoucit, nourrit et veloute la peau. Riche en acides de fruits, il stimule le renouvellement cellulaire, estompe les irrégularités de la peau, unifie et éclaircit le teint. Pour un teint radieux, même nu, appliquez-le chaque matin sur peau propre et sèche en tant que soin de jour.

Crème visage ◊ Tous types de peau ◊ 20 minutes ◊ Facile ◊ 3 mois

CONTENANT Pot de 65 ml

MATÉRIEL
Bol résistant à la chaleur (inox…)
Mini-fouet
Balance de précision ou :
Pipette graduée de 10 ml
Cuillère de dosage de 2 ml

INGRÉDIENTS
Macérât huileux de vanille – 2,8 g (ou 3 ml)
Huile végétale de buriti – 2,8 g (ou 3 ml)
Eau aromatique de pamplemousse
  – 50 g (ou 50 ml)
Émulsifiant Cœur de crème* – 6,8 g
  (ou 6 cuillères de 2 ml)
Actif AHA – acides de fruits
  – 2,4 g (ou 54 gouttes)
Extrait aromatique d'abricot
  – 0,9 g (ou 53 gouttes)
Conservateur Cosgard* – 0,4 g
  (ou 12 gouttes)

- Versez le macérât de vanille, l'huile de buriti et l'eau de pamplemousse dans un bol, puis ajoutez l'émulsifiant Cœur de crème.
- Faites chauffer le bol au bain-marie.
- Lorsque l'émulsifiant est totalement fondu, sortez le bol du bain-marie et agitez vigoureusement durant 3 minutes.
- Mettez le bol dans un fond d'eau froide et continuez d'agiter jusqu'à refroidissement.
- Ajoutez les AHA, l'extrait aromatique d'abricot, puis le conservateur et mélangez.
- Transvasez la préparation dans un pot.

Crèmes de soin

* Dénomination Aroma-Zone, voir lexique en fin d'ouvrage.

CRÈME JEUNESSE
aux trois Roses

Comme une pluie de pétales de rose, cette crème moelleuse agit au cœur de l'épiderme pour restaurer la jeunesse et l'éclat de la peau. Mariage de la rose musquée, de l'hydrolat de rose et de l'huile essentielle de rose de Damas, ce soin divin nourrit, régénère intensément la peau, raffermit l'ovale du visage, atténue les rides et illumine le teint. Pour délasser les traits et profiter de tous ses bienfaits, appliquez-la en massage sur le visage et le cou.

Crème visage ◆ Peaux sèches et matures ◆ 20 minutes ◆ Avancé ◆ 3 mois

CONTENANT Pot de 30 ml

MATÉRIEL
Coupelle
2 bols résistants à la chaleur (inox…)
Batteur mousseur
Balance de précision ou :
Pipette graduée de 10 ml
Cuillère de dosage de 2 ml
Cuillère de dosage de 0,5 ml

INGRÉDIENTS
Actif acide hyaluronique – 0,15 g
   (ou 1 cuillère de 0,5 ml)
Huile végétale de rose musquée
   – 15,6 g (ou 17 ml)
Cire d'abeille – 1 g (ou 1 cuillère de 2 ml)
Émulsifiant Olive protection* – 2,9 g
   (ou 3 cuillères de 2 ml)
Hydrolat de rose – 9 g (ou 9 ml)
Huile essentielle de rose
   – 0,04 g (ou 2 gouttes)
Huile essentielle de linaloe (baies)
   – 0,04 g (ou 2 gouttes)
Conservateur Cosgard*
   – 0,2 g (ou 7 gouttes)

- Hydratez l'acide hyaluronique avec 5 ml d'eau minérale dans une coupelle.
- Pendant ce temps, versez l'huile de rose musquée dans un premier bol, puis ajoutez la cire d'abeille et l'émulsifiant Olive protection.
- Dans un second bol, versez l'hydrolat de rose.
- Faites chauffer les deux bols au bain-marie.
- Lorsque l'émulsifiant est totalement fondu et que l'hydrolat de rose commence à frémir, sortez les bols du bain-marie.
- Ajoutez lentement l'hydrolat de rose frémissant dans le premier bol, tout en agitant vigoureusement durant 3 minutes à l'aide du batteur mousseur.
- Placez le bol dans un fond d'eau froide et continuez d'agiter jusqu'à refroidissement.
- Ajoutez l'acide hyaluronique préalablement hydraté, les huiles essentielles et le conservateur, puis mélangez.
- Transvasez la préparation dans un pot.

* Dénomination Aroma-Zone, voir lexique en fin d'ouvrage.

Crèmes de soin

BB CRÈME universelle

Délicieusement abricoté, ce soin 5-en-1 fait rayonner tous les visages d'une bonne mine vitaminée. Hydratant, unifiant, anti-âge, protecteur et illuminateur, il s'adapte à toutes les carnations et rehausse naturellement l'éclat du teint. Fondant, il unifie le teint sans se faire remarquer et apporte à la peau un aspect très frais, pour un effet « journée au grand air » naturel. Pour une mine radieuse au quotidien, utilisez-le tous les matins en tant que soin de jour.

Crème visage | Tous types de peau | 20 minutes | Facile | 3 mois

CONTENANT Flacon pompe de 50 ml

MATÉRIEL
Bol résistant à la chaleur (inox…)
Mini-fouet
Balance de précision ou :
Pipette graduée de 10 ml
Cuillère de dosage de 0,5 ml
Cuillère de dosage de 2 ml

INGRÉDIENTS
Huile végétale d'abricot – 4,6 g (ou 5 ml)
Eau aromatique de yuzu – 40 g (ou 40 ml)
Émulsifiant Cœur de crème* – 5,2 g
   (ou 4 cuillères de 2 ml)
Actif concentré Éclat & Lumière*
   – 1,7 g (ou 1,5 ml)
Actif Coenzyme Q10* – 1 g (ou 41 gouttes)
Mica beige nude* – 0,1 g
   (ou ½ cuillère de 0,5 ml)
Extrait aromatique d'abricot
   – 0,7 g (ou 42 gouttes)
Conservateur Cosgard* – 0,4 g
   (ou 14 gouttes)

- Versez l'huile végétale d'abricot et l'eau aromatique de yuzu dans un bol, puis ajoutez l'émulsifiant Cœur de crème.
- Faites chauffer le bol au bain-marie.
- Lorsque l'émulsifiant est totalement fondu, sortez le bol du bain-marie et agitez vigoureusement durant 3 minutes.
- Mettez le bol dans un fond d'eau froide et continuez d'agiter jusqu'à refroidissement.
- Ajoutez le reste des ingrédients, puis mélangez.
- Transvasez la préparation dans un flacon, à l'aide de la pipette si nécessaire.

* Dénomination Aroma-Zone, voir lexique en fin d'ouvrage.

CRÈME RÉPARATRICE
Secret de fleurs

Secret d'herboriste, ce soin réparateur conjugue les bienfaits de cinq fleurs reines de l'aromathérapie en un baume léger et fondant au parfum de fleurs des champs. Mauve adoucissante, lavande régénérante, achillée millefeuille cicatrisante, hélichryse raffermissante et millepertuis apaisant, distillent leurs propriétés au cœur de la peau pour en restaurer toute la souplesse et la douceur. Appliquez sur le visage tous les matins et/ou soirs.

Crème visage ◊ Peaux sèches et sensibles ◊ 20 minutes ◊ Facile ◊ 3 mois

CONTENANT Pot de 30 ml

MATÉRIEL
Bol résistant à la chaleur (inox…)
Mini-fouet
Balance de précision ou :
Verre doseur de 25 ml
Cuillère de dosage de 2 ml

INGRÉDIENTS
Huile végétale de jojoba – 9,2 g (ou 10 ml)
Hydrolat d'achillée millefeuille
  – 15 g (ou 15 ml)
Extrait concentré de mauve
  * – 1,1 g (ou 16 gouttes)
Émulsifiant Cœur de crème* – 3,9 g
  (ou 3 cuillères de 2 ml)
Huile essentielle de lavande fine
  – 0,15 g (ou 5 gouttes)
Huile essentielle de millepertuis
  – 0,15 g (ou 5 gouttes)
Huile essentielle d'hélichryse
  italienne – 0,1 g (ou 4 gouttes)
Conservateur Naticide* – 0,3 g
  (ou 10 gouttes)

- Versez l'huile de jojoba, l'hydrolat d'achillée millefeuille et l'extrait de mauve dans un bol, puis ajoutez l'émulsifiant Cœur de crème.
- Faites chauffer le bol au bain-marie.
- Lorsque l'émulsifiant est totalement fondu, sortez le bol du bain-marie et agitez vigoureusement durant 3 minutes.
- Mettez le bol dans un fond d'eau froide et continuez d'agiter jusqu'à refroidissement.
- Ajoutez les huiles essentielles, puis le conservateur et mélangez.
- Transvasez la préparation dans un pot.

* Dénomination Aroma-Zone, voir lexique en fin d'ouvrage.

CRÈME PEAU PARFAITE
aux fleurs de Nigelle

Légère et aromatique, cette crème purifiante à la texture fluide et non grasse enveloppe le visage de fraîcheur et apporte à la peau un fini mat et velouté. Un cocktail d'actifs équilibrants et purifiants régule l'excès de sébum, assainit la peau en profondeur et lutte contre l'acné et les imperfections cutanées. Gorgée d'eau aromatique de citron, cette crème éclaircit le teint et resserre les pores. Pour retrouver une peau parfaite, appliquez cette crème chaque matin sur une peau propre et nettoyée, en guise de soin de jour.

Crème visage ◊ Peaux à problèmes ◊ 20 minutes ◊ Avancé ◊ 3 mois

CONTENANT Pot de 30 ml

MATÉRIEL
2 bols résistants à la chaleur (inox…)
Mini-fouet
Balance de précision ou :
Pipette graduée de 10 ml
Cuillère de dosage de 0,5 ml

INGRÉDIENTS
Huile végétale de nigelle – 1,4 g (ou 1,5 ml)
Cire émulsifiante n° 3* – 1,8 g
  (ou 6 cuillères de 0,5 ml)
Eau aromatique de citron – 25 g (ou 25 ml)
Actif MSM* – 1,5 g (ou 4 cuillères de 0,5 ml)
Huile essentielle de menthe verte
  – 0,1 g (ou 3 gouttes)
Huile essentielle de tea tree
  – 0,1 g (ou 3 gouttes)
Conservateur Cosgard*
  – 0,2 g (ou 6 gouttes)

- Versez l'huile de nigelle dans un premier bol, puis ajoutez la cire émulsifiante n° 3.
- Dans un second bol, versez l'eau de citron.
- Faites chauffer les deux bols au bain-marie.
- Lorsque la cire émulsifiante est totalement fondue et que l'eau commence à frémir, sortez les bols du bain-marie.
- Ajoutez lentement l'eau de citron frémissante dans le premier bol, tout en agitant vigoureusement durant 3 minutes.
- Placez le bol dans un fond d'eau froide et continuez d'agiter jusqu'à refroidissement.
- Ajoutez le MSM, les huiles essentielles et le conservateur, puis mélangez.
- Transvasez la préparation dans un pot.

Crèmes de soin

* Dénomination Aroma-Zone, voir lexique en fin d'ouvrage.

CRÈME DE BEAUTÉ
du potager

Dans le foisonnement végétal des potagers se cachent de très beaux secrets de beauté ! Vitaminé, le macérât de carotte nous fait un teint à croquer, tandis que l'extrait de concombre infuse la peau de ses propriétés hydratantes et illuminatrices. Très riche en actifs « bonne mine », l'huile végétale de tomate ravive l'éclat du teint et favorise le bronzage. Cette crème ensoleillée s'applique sur le visage en tant que soin de jour. Légère, elle sera idéale pour le printemps et l'été.

Crème visage ◊ Tous types de peau ◊ 20 minutes ◊ Facile ◊ 3 mois

CONTENANT Flacon-pompe de 50 ml

MATÉRIEL
Bol résistant à la chaleur (inox…)
Mini-fouet
Balance de précision ou :
Pipette graduée de 10 ml
Cuillère de dosage de 2 ml

INGRÉDIENTS
Huile végétale de tomate – 4,6 g (ou 5 ml)
Macérât huileux de carotte – 4,6 g (ou 5 ml)
Eau minérale – 35 ml
Émulsifiant Olivem 1000* – 1,8 g
   (ou 2 cuillères de 2 ml)
Extrait concentré de concombre
   – 5,5 g (ou 5 ml)
Extrait aromatique d'abricot
   – 0,5 g (ou 30 gouttes)
Conservateur Cosgard* – 0,4 g
   (ou 12 gouttes)

- Versez l'huile de tomate, le macérât de carotte et l'eau minérale dans un bol, puis ajoutez l'émulsifiant Olivem 1000.
- Faites chauffer le bol au bain-marie.
- Lorsque l'émulsifiant est totalement fondu, sortez le bol du bain-marie et agitez vigoureusement durant 3 minutes.
- Mettez le bol dans un fond d'eau froide et continuez d'agiter jusqu'à refroidissement.
- Ajoutez les extraits de concombre et d'abricot, puis le conservateur et mélangez.
- Transvasez la préparation dans un flacon à l'aide de la pipette, si nécessaire.

Crèmes de soin

* Dénomination Aroma-Zone, voir lexique en fin d'ouvrage.

GOMMAGE TENDRESSE
aux deux Roses

Mariage d'hydrolat de rose et de poudre de rose musquée, cette gelée fondante et rafraîchissante élimine en douceur impuretés et cellules mortes. En un gommage très tendre, elle assainit la peau en profondeur et réveille la microcirculation cutanée. Une ou deux fois par semaine, appliquez une noisette de ce soin en massages circulaires sur la peau sèche du visage en évitant le contour des yeux, puis rincez à l'eau claire. La peau respire, le grain de peau s'affine et le teint s'illumine.

Gommage visage | Tous types de peau | 15 minutes | Facile | 3 mois au réfrigérateur

CONTENANT Pot de 65 ml

MATÉRIEL
Bol
Mini-fouet
Balance de précision ou :
Verre doseur de 25 ml
Pipette graduée de 10 ml
Cuillère de dosage de 2 ml

INGRÉDIENTS
Hydrolat de rose – 60 g (ou 60 ml)
Extrait de betterave – 0,2 g (ou 5 gouttes)
Gomme xanthane – 1,8 g
   (ou 3 cuillères de 2 ml)
Rose musquée en poudre – 1,8 g
   (ou 2 cuillères de 2 ml)
Huile végétale de prune – 1,8 g (ou 2 ml)
Extrait aromatique de myrtille
   – 1,6 g (ou 64 gouttes)
Conservateur Cosgard* – 0,4 g
   (ou 14 gouttes)

- Mélangez l'hydrolat de rose et le jus de betterave dans un bol.
- Ajoutez la gomme xanthane en pluie et en agitant au fouet pour éviter les grumeaux.
- Laissez reposer environ 10 minutes – un gel se forme.
- Mélangez de nouveau énergiquement afin d'obtenir un gel bien lisse et homogène.
- Ajoutez le reste des ingrédients, puis mélangez.
- Transvasez la préparation dans un pot.

Gommages et masques

* Dénomination Aroma-Zone, voir lexique en fin d'ouvrage.

MASQUE REPULPANT
à la Mauve

Baigné d'hydrolat de rose et enrichi en extrait concentré de mauve, ce masque fleuri apaise et adoucit la peau, prévient le vieillissement cutané et hydrate l'épiderme en profondeur. Riche en acide hyaluronique, il comble rides et ridules et apporte un effet repulpant et anti-âge à la peau. Pour une peau fraîche et rebondie, appliquez ce masque sur l'ensemble du visage, laissez poser durant 10 minutes, puis retirez délicatement le surplus à l'aide d'un coton.

Masque visage ◊ Tous types de peau ◊ 15 minutes ◊ Facile ◊ 3 mois au réfrigérateur

CONTENANT Pot de 120 ml

MATÉRIEL
Bol
Mini-fouet
Balance de précision ou :
Verre doseur de 25 ml
Pipette graduée de 10 ml
Cuillère de dosage de 2 ml

INGRÉDIENTS
Hydrolat de rose – 80 g (ou 80 ml)
Extrait concentré de mauve
   – 22 g (ou 20 ml)
Argile violette – 2,8 g
   (ou 4 cuillères de 2 ml)
Actif acide hyaluronique – 0,6 g
   (ou 1 cuillère de 2 ml)
Gomme xanthane – 1,2 g
   (ou 2 cuillères de 2 ml)
Huile végétale de rose musquée
   – 11 g (ou 12 ml)
Conservateur Cosgard* – 0,8 g
   (ou 28 gouttes)

- Versez l'hydrolat de rose et l'extrait de mauve dans un bol, puis ajoutez l'argile violette.
- Ajoutez l'acide hyaluronique et la gomme xanthane en pluie, tout en agitant pour éviter les grumeaux.
- Laissez reposer environ 10 minutes – un gel se forme.
- Mélangez de nouveau énergiquement afin d'obtenir un gel bien lisse et homogène.
- Ajoutez l'huile végétale de rose musquée et le conservateur, puis mélangez.
- Transvasez la préparation dans un pot.

Astuce : si des grumeaux d'acide hyaluronique et de gomme xanthane persistent, laissez reposer la préparation 10 minutes de plus, toujours en mélangeant de temps en temps.

* Dénomination Aroma-Zone, voir lexique en fin d'ouvrage.

MASQUE DES GEISHAS au Thé Matcha

Infusion précieuse de thé Matcha, de yuzu et de jasmin, ce masque onctueux vous transporte au Japon, pour un rituel de beauté plein de sérénité. Source de jeunesse, il hydrate, revitalise et stimule la régénération cellulaire de la peau. Son parfum de thé vert au jasmin est une invitation à la relaxation. Après la réalisation de la recette, appliquez immédiatement ce masque en couche épaisse sur le visage et le cou en évitant le contour des yeux, les sourcils et la racine des cheveux. Laissez poser environ 10 minutes, puis retirez le masque en une seule pièce, en prenant soin de décoller légèrement les bords au préalable. Vous pouvez parfaire le retrait du masque avec un hydrolat. Appliquez ensuite votre soin préféré.

Masque visage ◊ Tous types de peau ◊ 5 minutes ◊ Facile ◊ Utilisation immédiate

MATÉRIEL
Bol
Mini-fouet
Balance de précision ou :
Verre doseur de 25 ml
Cuillère de dosage de 2 ml

INGRÉDIENTS
Masque Peel-Off marin* – 30 g
   (ou 1 sachet de 30 g)
Thé vert Matcha en poudre – 1 g
   (ou 1 cuillère de 2 ml)
Huile essentielle de yuzu
   – 0,6 g (ou 21 gouttes)
Eau aromatique de jasmin – 90 g (ou 90 ml)

- Mélangez le masque Peel-Off, le thé vert Matcha en poudre et l'huile essentielle de yuzu dans un bol.
- Ajoutez progressivement l'eau aromatique de jasmin, tout en mélangeant jusqu'à obtenir une pâte lisse et homogène.
- Utilisez la préparation sans attendre.

Astuce : ôtez le masque lorsque la pâte ne colle plus au doigt. N'attendez pas le séchage complet du masque avant de le retirer.

* Dénomination Aroma-Zone, voir lexique en fin d'ouvrage.

MASQUE DÉSINCRUSTANT
aux Fruits

Ce soin au parfum de poire juteuse transforme le traditionnel masque à l'argile en un rituel délicieusement pétillant. Purifiant et rafraîchissant, il crépite délicatement sur la peau et désincruste les pores en profondeur tout en facilitant l'élimination des points noirs. Enrichi en huile de prune, il laisse la peau douce, matifiée et veloutée. Pour un teint net et clarifié, appliquez ce masque pétillant sur l'ensemble du visage en évitant le contour des yeux et de la bouche, laissez poser une minute, puis rincez à l'eau claire.

Masque visage / Peaux à problèmes / 10 minutes / Facile / Utilisation immédiate

MATÉRIEL

2 bols
Cuillère en bois
Balance de précision ou :
  Verre doseur 25 ml
Cuillère de dosage 0,5 ml
Cuillère de dosage 2 ml

INGRÉDIENTS

Acide citrique – 0,7 g
  (ou 1,5 cuillère de 0,5 ml)
Bicarbonate de soude – 1,7 g
  (ou 3 cuillères de 0,5 ml)
Argile verte – 13 g (ou 8 cuillères de 2 ml)
Extrait aromatique de poire – 0,6 g
  (ou 25 gouttes)
Eau aromatique de citron – 13 g (ou 13 ml)
Huile végétale de prune – 0,5 g
  (ou 1 cuillère de 0,5 ml)

- Mélangez l'acide citrique et le bicarbonate de soude dans un premier bol.
- Dans un second bol, mettez l'argile verte, l'extrait aromatique de poire, puis ajoutez progressivement l'eau de citron et l'huile de prune en mélangeant jusqu'à obtenir une pâte lisse et homogène.
- Ajoutez le mélange acide citrique + bicarbonate de soude à la pâte homogène, puis mélangez quelques secondes et utilisez la préparation sans attendre, pour profiter de l'effet pétillant.

SOIN CONTOUR DES YEUX
lissant & défatigant

Si le regard est le miroir de l'âme, son éclat mérite alors toute notre attention ! La peau du contour des yeux, fine et délicate, sera choyée grâce à ce sérum défroissant, hydratant et régénérant. Riche en huile d'avocat, il offre une douce protection face au temps, préserve l'expressivité de votre regard, adoucit les rides, lisse et repulpe la peau. Pour un regard lumineux à tout âge, appliquez votre contour des yeux à l'aide du roll-on chaque matin avant votre soin de jour.

Gel contour des yeux ◆ 10 minutes ◆ Facile ◆ 3 mois au réfrigérateur

CONTENANT Flacon roll-on de 15 ml

MATÉRIEL
Bol
Mini-fouet
Balance de précision ou :
Pipette graduée de 10 ml
Cuillère de dosage de 0,5 ml

INGRÉDIENTS
Gel d'aloe vera – 12,5 g (ou 12 ml)
Huile végétale d'avocat – 1,4 g (ou 1,5 ml)
Extrait de concombre – 1,1 g
   (ou 18 gouttes)
Actif acide hyaluronique – 0,07 g
   (ou ½ cuillère de 0,5 ml)

- Mettez le gel d'aloe vera dans un bol.
- Ajoutez le reste des ingrédients et mélangez.
- Transvasez la préparation dans le flacon roll-on, à l'aide de la pipette si nécessaire.

BAUME À LÈVRES HYDRATANT
Cerise exquise

Baume exquis pour arborer un sourire à croquer, ce soin nourrissant est une gourmandise terriblement addictive. Concentré en beurres de karité et de cacao blanc, ce baume moelleux et fondant nourrit, hydrate, répare et protège les lèvres, tout en les enveloppant d'un arôme gourmand de cerise et de chocolat blanc. À appliquer au doigt aussi souvent que désiré, pour des lèvres rebondies et veloutées !

Baume à lèvres ◊ 25 minutes ◊ Facile ◊ 6 mois

CONTENANT Pot de 15 ml

MATÉRIEL
Bol résistant à la chaleur (inox…)
Mini-fouet
Balance de précision ou :
Pipette graduée de 10 ml
Cuillère de dosage de 0,05 ml

INGRÉDIENTS
Beurre végétal de karité nilotica
   (fondu) – 7,2 g (ou 8 ml)
Pastilles de beurre de cacao blanc
   – 5,3 g (ou 5 pastilles)
Ocre rose – 0,03 g (ou 1 cuillère de 0,05 ml)
Extrait aromatique d'amande de cerise
   – 0,4 g (ou 20 gouttes)

- Versez le beurre de karité dans un bol, puis ajoutez le beurre de cacao et l'ocre rose.
- Faites fondre l'ensemble au bain-marie, puis retirez du feu.
- Ajoutez l'extrait aromatique d'amande de cerise, puis mélangez.
- Placez le bol au congélateur et mélangez de temps en temps afin d'obtenir une pâte onctueuse et homogène.
- Coulez la préparation sous forme de pâte dans un petit pot.

Soins des lèvres

GLOSS BRILLANCE MIROIR
à la Prune épicée

Baume satiné pour baisers épicés, ce gloss gourmand sublime les lèvres d'un voile moiré aux subtils effets mouillés. Tout en jeux de brillance et de transparence, il illumine le sourire, hydrate, nourrit, adoucit et protège les lèvres grâce à sa richesse en huile de prune et en glycérine végétale. Pour une bouche à croquer, appliquez ce gloss délicieux aussi souvent que désiré à l'aide du roll-on.

Gloss | 10 minutes | Facile | 6 mois

CONTENANT Roll-on de 15 ml

MATÉRIEL
Bol
Mini-fouet
Balance de précision ou :
Pipette graduée de 10 ml
Cuillère de dosage de 0,5 ml
Cuillère de dosage de 2 ml

INGRÉDIENTS
Base gloss* – 6,9 g (ou 3 cuillères de 2 ml)
Huile végétale de prune – 9,2 g (ou 10 ml)
Glycérine végétale – 1 g
   (ou 2 cuillères de 0,5 ml)
Huile essentielle de gingembre
   – 0,15 g (ou 5 gouttes)

- Mettez la base gloss dans un bol.
- Ajoutez le reste des ingrédients et mélangez.
- Transférez la préparation dans un flacon roll-on.

Soins des lèvres

* Dénomination Aroma-Zone, voir lexique en fin d'ouvrage.

SAVON DU JARDINIER
Thym & Lavande

Idéal pour les jardiniers, les aventuriers ou les bricoleurs du dimanche, ce savon malin allie un côté exfoliant qui élimine toutes les impuretés (terre, taches…) à un côté doux et lavant, riche en argile verte et en huiles essentielles purifiantes, qui assainit et nettoie la peau en profondeur. Son parfum de Provence ensoleillera votre salle de bain !

Savon pour les mains ◊ 25 minutes ◊ Avancé ◊ 6 mois

MATÉRIEL

Moule à savon de 100 g
2 bols résistants à la chaleur (inox…)
Mini-fouet
Balance de précision ou :
Verre doseur de 25 ml
Pipette graduée de 10 ml
Cuillère de dosage de 2 ml

INGRÉDIENTS

Base de savon neutre blanche
   (Melt & Pour) – 110 g
Huile végétale d'olive – 1,8 g (ou 2 ml)
Noyaux d'olive en poudre – 2,8 g
   (ou 2 cuillères de 2 ml)
Huile essentielle de lavande fine
   – 1,2 g (ou 40 gouttes)
Argile verte illite – 3,2 g
   (ou 2 cuillères de 2 ml)
Huile essentielle de thym à thymol
   – 0,15 g (ou 5 gouttes)
Huile essentielle de romarin
   à cinéole – 0,6 g (ou 20 gouttes)

- Faites fondre au bain-marie à feu doux la base de savon, puis retirez du feu.
- Ajoutez l'huile végétale d'olive et mélangez.
- Séparez votre préparation en deux parts égales.
- Dans une des deux parts, ajoutez la poudre de noyaux d'olive et l'huile essentielle de lavande (préparation beige).
- Dans l'autre part, ajoutez l'argile verte et les huiles essentielles de thym et de romarin (préparation verte).
- Mélangez soigneusement chacune des préparations afin d'homogénéiser les couleurs.
- Coulez d'abord la préparation beige dans votre moule et laissez figer avant de couler la préparation verte.
- Laissez figer votre savon avant de le démouler.
- Conservez votre savon dans une boîte ou un sachet hermétique avant utilisation.

À noter : la texture de la préparation beige ne doit pas être trop liquide au moment du coulage, afin que la poudre de noyaux d'olive reste en suspension.

Savons

SAVON SENSUEL
Épices & Agrumes

La fraîcheur vivifiante des agrumes se réchauffe au contact d'épices enivrantes dans ce savon bicolore au sillage sensuel et relaxant. Riche en huiles végétales, il lave la peau en un nuage de mousse voluptueuse et hydratante. Enveloppé de douceur, inspirez les effluves captivants de cette synergie d'huiles essentielles aux vertus stimulantes et harmonisantes, pour une douche profondément bienfaisante.

Savon pour corps & mains ◊ 25 minutes ◊ Avancé ◊ 6 mois

MATÉRIEL

Moule à savon de 120 g
2 bols résistants à la chaleur (inox…)
Mini-fouet
Balance de précision ou :
Pipette graduée de 10 ml
Cuillère de dosage de 0,5 ml

INGRÉDIENTS

Base de savon neutre blanche
  (Melt & Pour) – 150 g
Huile essentielle de gingembre
  – 0,4 g (15 gouttes)
Huile essentielle de citron vert
  – 1 g (ou 40 gouttes)
Ocre rose – 0,4 g (ou 1 cuillère de 0,5 ml)
Huile essentielle de cannelle de Chine
  – 0,4 g (ou 15 gouttes)
Huile essentielle d'orange sanguine
  – 1 g (ou 40 gouttes)

- Faites fondre au bain-marie à feu doux la base de savon, puis retirez du feu.
- Séparez votre préparation en deux parts égales.
- Dans l'une des deux parts, ajoutez les huiles essentielles de gingembre et de citron vert (préparation blanche).
- Dans l'autre part, ajoutez l'ocre rose et les huiles essentielles de cannelle et d'orange (préparation rose).
- Mélangez soigneusement chacune des préparations afin d'homogénéiser. Tenez-les légèrement au chaud.
- Coulez d'abord un peu de préparation rose dans le moule à savon et laissez figer avant de couler un peu de préparation blanche. Laissez figer à nouveau et continuez ainsi jusqu'à épuisement des deux couleurs.
- Laissez figer votre savon avant de le démouler.
- Conservez-le dans une boîte ou un sachet hermétique avant utilisation.

Savons

SAVONS AYURVÉDIQUES
Patchouli & Manjishta

Un parfum de bout du monde souffle sur ces savons couleur garance, que l'on croirait tout droit venus d'Inde. Enrichis en poudre ayurvédique de manjishta, ils purifient, détoxifient et revitalisent la peau du visage et du corps sans l'assécher. Diffusée à travers une mousse aérienne et hydratante, la synergie d'huiles essentielles envoûtantes tonifie le corps et réchauffe l'esprit.

Savon visage & corps ◊ Tous types de peau ◊ 15 minutes ◊ Facile ◊ 6 mois

MATÉRIEL
2 moules à savon de 60 g
Bol résistant à la chaleur (inox…)
Mini-fouet
Balance de précision ou :
Cuillère de dosage de 2 ml

INGRÉDIENTS
Base de savon neutre transparente
  (Melt & Pour) – 110 g
Manjishta en poudre – 1,1 g
  (ou 2 cuillères de 2 ml)
Huile essentielle de patchouli
  – 0,6 g (ou 21 gouttes)
Huile essentielle d'orange
  – 0,6 g (ou 21 gouttes)
Huile essentielle de cannelle
  de Ceylan – 0,2 g (ou 7 gouttes)
Huile essentielle de géranium
  – 1 g (ou 35 gouttes)

- Faites fondre au bain-marie à feu doux la base de savon, puis retirez du feu.
- Ajoutez la poudre de manjishta et les huiles essentielles, puis mélangez.
- Coulez la préparation dans vos moules et laissez figer avant de démouler.
- Conservez vos savons dans une boîte ou un sachet hermétique avant utilisation.

SAVONS DES ENFANTS
Dans la cour de l'école

Réminiscence des cours d'écoles, ces savons aux couleurs de billes évoquent la magie de l'enfance et enchantent la salle de bains d'une touche de poésie. Tels des petits bonbons anis-réglisse et fraise-citron, ils raviront petits et grands enfants. Idéal pour des lavages de main rigolos !

Savons pour les mains ◊ 25 minutes ◊ Avancé ◊ 6 mois

MATÉRIEL

4 moules à savon de 55 g
4 bols résistants à la chaleur (inox…)
Mini-fouet
Balance de précision ou :
Verre doseur de 25 ml
Cuillère de dosage de 0,5 ml

INGRÉDIENTS

Base de savon neutre blanche
  (Melt & Pour) – 225 g
Huile essentielle d'anis – 1,5 g
  (ou 52 gouttes)
Réglisse en poudre – 8,6 g
  (ou 1 verre doseur)
Ocre rose – 0,3 g (ou 1 cuillère de 0,5 ml)
Extrait aromatique de fraise
  – 2 g (ou 80 gouttes)
Ocre jaune – 0,3 g (ou 1 cuillère de 0,5 ml)
Huile essentielle de citron
  – 1,8 g (ou 70 gouttes)

- Faites fondre au bain-marie à feu doux la base de savon, puis retirez du feu.
- Séparez votre préparation en 4 parts égales.
- Dans le premier quart, ajoutez l'huile essentielle d'anis (préparation blanche).
- Dans le deuxième quart, ajoutez la poudre de réglisse (préparation marron).
- Dans le troisième quart, ajoutez l'ocre rose et l'extrait aromatique de fraise (préparation rose).
- Dans le dernier quart, ajoutez l'ocre jaune et l'huile essentielle de citron (préparation jaune).
- Mélangez soigneusement chacune des préparations afin de les homogénéiser et réservez-les au chaud.
- Pour le savon anis-réglisse : coulez d'abord un peu de préparation blanche à l'anis dans les moules à savon, laissez figer. Puis coulez un peu de préparation marron à la réglisse. Laissez figer à nouveau et continuez ainsi jusqu'à épuisement des deux couleurs.
- Procédez de la même façon pour le savon fraise-citron.
- Laissez figer vos savons avant de les démouler.
- Conservez vos savons dans une boîte ou un sachet hermétique avant utilisation.

Savons

CRÈME DE DOUCHE LACTÉE
à la Fraise

Mousseuse, onctueuse, délicieuse… cette crème de douche vous plonge dans un nuage lacté de fraise des bois pour des douches absolument divines ! Enrichie en gel d'aloe vera hydratant et en huile végétale de coco nourrissante et protectrice, cette crème à la mousse voluptueuse nettoie la peau sans l'assécher et lui procure un toucher de soie.

Crème de douche ◆ Peaux sèches ◆ 20 minutes ◆ Facile ◆ 1 mois

CONTENANT Flacon de 100 ml

MATÉRIEL
Bol résistant à la chaleur (inox…)
Mini-fouet
Balance de précision ou :
Verre doseur de 25 ml
Pipette graduée de 10 ml
Cuillère de dosage de 2 ml
Cuillère de dosage de 0,05 ml

INGRÉDIENTS
Huile végétale de coco – 4,6 g (ou 5 ml)
Hydrolat de basilic – 20 g (ou 20 ml)
Tensioactif Base douceur* – 55 g (ou 50 ml)
Ocre rose – 0,06 g (ou 2 cuillères de 0,05 ml)
Émulsifiant Cœur de crème* – 8,4 g (ou 7 cuillères de 2 ml)
Gel d'aloe vera – 10,4 g (ou 10 ml)
Extrait aromatique de fraise des bois – 3,3 g (ou 3 ml)
Conservateur Cosgard* – 0,8 g (ou 25 gouttes)

- Versez l'huile de coco, l'hydrolat de basilic et la Base douceur dans un bol, puis ajoutez l'ocre rose et l'émulsifiant Cœur de crème.
- Faites chauffer le bol au bain-marie.
- Lorsque l'émulsifiant est totalement fondu, sortez le bol du bain-marie et agitez vigoureusement durant 3 minutes.
- Placez le bol dans un fond d'eau froide et continuez d'agiter jusqu'à refroidissement.
- Ajoutez le gel d'aloe vera, l'extrait aromatique de fraise des bois et le conservateur, puis mélangez.
- Transvasez la préparation dans un flacon à l'aide de la pipette, si nécessaire.

Douche & bain

* Dénomination Aroma-Zone, voir lexique en fin d'ouvrage.

GEL DOUCHE
Délice d'Abricot

Véritable péché mignon abricoté, ce gel transforme chaque douche en une pluie d'été joyeuse et délicieusement fruitée. Sa mousse aérienne nettoie la peau avec une grande douceur et son parfum ensoleillé diffuse bonne humeur et optimisme. Relipidant et adoucissant, il laisse la peau souple et satinée.

Gel douche / Tous types de peau / 10 minutes / Facile / 3 mois

CONTENANT Flacon pompe de 150 ml

MATÉRIEL
Bol
Mini-fouet
Balance de précision ou :
Verre doseur de 25 ml
Pipette graduée de 10 ml

INGRÉDIENTS
Tensioactif Base douceur* – 99 g (ou 90 ml)
Tensioactif Douceur de coco*
 – 8,8 g (ou 8 ml)
Huile essentielle d'orange
 – 0,45 g (ou 18 gouttes)
Hydrolat de cannelle – 45 g (ou 45 ml)
Extrait aromatique d'abricot
 – 2,6 g (ou 3 ml)
Conservateur Cosgard* – 0,9 g
 (ou 30 gouttes)

- Mélangez les tensioactifs et l'huile essentielle d'orange dans un bol.
- Incorporez l'hydrolat de cannelle en mélangeant délicatement à l'aide du fouet.
- Ajoutez le reste des ingrédients, puis mélangez de nouveau au fouet pour obtenir une préparation homogène.
- Transférez la préparation dans un flacon.

À noter : les bulles formées lors du mélange se dissiperont au cours du temps.

* Dénomination Aroma-Zone, voir lexique en fin d'ouvrage.

LAIT NOURRISSANT
« Sous la douche »
Mangue & Passion

Ce lait pour le corps nouvelle génération s'applique sous la douche après vous être lavé. Étalez-le sur l'ensemble de votre peau mouillée, massez-vous, rincez à l'eau claire et sortez de votre douche la peau souple, veloutée et hydratée pour la journée. Plus besoin d'appliquer de soin nourrissant : vous pouvez directement sauter dans vos vêtements !

Lait nettoyant ◊ Peaux sèches ◊ 20 minutes ◊ Avancé ◊ 3 mois

CONTENANT Flacon de 100 ml

MATÉRIEL
2 bols résistants à la chaleur (inox…)
Mini-fouet
Balance de précision ou :
Verre doseur de 25 ml
Pipette graduée de 10 ml
Cuillère de dosage de 2 ml
Cuillère de dosage de 0,5 ml

INGRÉDIENTS
Huile végétale de fruit
   de la Passion – 1,8 g (ou 2 ml)
Émulsifiant Emulsan* – 3,8 g
   (ou 3 cuillères de 2 ml)
Eau minérale – 80 g (ou 80 ml)
Gomme xanthane – 0,2 g (ou
   1 cuillère de 0,5 ml)
Glycérine végétale – 8,8 g (ou 7 ml)
Extrait aromatique de mangue
   – 0,9 g (ou 40 gouttes)
Conservateur Cosgard* – 0,7 g
   (ou 25 gouttes)

- Versez l'huile de fruit de la Passion dans un premier bol, puis ajoutez l'émulsifiant Emulsan.
- Dans un second bol, versez l'eau minérale, puis ajoutez la gomme xanthane.
- Faites chauffer les deux bols au bain-marie.
- Lorsque l'émulsifiant est totalement fondu et que l'eau commence à frémir, sortez les bols du bain-marie.
- Ajoutez lentement l'eau frémissante dans le premier bol, tout en agitant vigoureusement durant 3 minutes.
- Placez le bol dans un fond d'eau froide et continuez d'agiter jusqu'à refroidissement.
- Ajoutez la glycérine, l'extrait aromatique de mangue et le conservateur, puis mélangez.
- Transvasez la préparation dans un flacon, à l'aide de la pipette si nécessaire.

Douche & bain

* Dénomination Aroma-Zone, voir lexique en fin d'ouvrage.

SMOOTHIE DE DOUCHE
Fraise & Citron vert

Friandise pour la douche, ce gel couleur vert d'eau vous plonge dans un nuage fruité et acidulé de fraise et de citron vert. Sa mousse vaporeuse et sa base lavante extra-douce nettoient la peau sans la dessécher et la laissent souple et tonifiée. Vif et optimisant, utilisez ce smoothie moussant quotidiennement pour des douches joyeuses au parfum de fantaisie.

Gel douche ◆ Tous types de peau ◆ 10 minutes ◆ Facile ◆ 3 mois

CONTENANT Flacon pompe de 150 ml

MATÉRIEL
Bol
Mini-fouet
Balance de précision ou :
Verre doseur de 25 ml
Pipette graduée de 10 ml

INGRÉDIENTS
Tensioactif Base consistance*
  (fondu) – 54 g (ou 50 ml)
Tensioactif Mousse de babassu*
  – 15,9 g (ou 15 ml)
Huile essentielle de citron vert
  – 0,6 g (ou 20 gouttes)
Eau minérale – 80 g (ou 80 ml)
Extrait aromatique de fraise – 3 g (ou 3 ml)
Chlorophylle liquide – 0,1 g (ou 3 gouttes)
Acide lactique – 1,4 g (ou 42 gouttes)
Conservateur Naticide* – 1,4 g
  (ou 42 gouttes)

- Mélangez les tensioactifs et l'huile essentielle de citron vert dans un bol.
- Incorporez l'eau minérale en mélangeant délicatement à l'aide du fouet.
- Ajoutez le reste des ingrédients, puis mélangez de nouveau au fouet pour obtenir une préparation homogène.
- Transférez la préparation dans un flacon.

Douche & bain

* Dénomination Aroma-Zone, voir lexique en fin d'ouvrage.

HUILE DE BAIN NUTRITIVE
Peau de pêche

En un songe éveillé, cette huile exquise vous plongera dans une eau laiteuse et veloutée au parfum gourmand et serein de pêche et de petitgrain. Riche en huiles de vanille et de buriti, elle assouplit, adoucit et nourrit la peau. Versez deux à trois cuillerées à soupe dans l'eau chaude, savourez ce moment divin et ressortez de votre bain l'esprit léger et la peau douce.

Huile pour le bain ◊ Peaux sèches ◊ 10 minutes ◊ Facile ◊ 6 mois

CONTENANT Flacon de 150 ml

MATÉRIEL
Bol
Mini-fouet
Balance de précision ou :
Verre doseur de 25 ml

INGRÉDIENTS
Huile de ricin sulfatée – 144 g (ou 125 ml)
Macérât huileux de vanille – 13,8 g
   (ou 15 ml)
Huile végétale de buriti – 4,6 g (ou 5 ml)
Extrait aromatique de pêche – 11 g
   (ou 10 ml)
Huile essentielle de petitgrain bigarade
   – 0,4 g (ou 15 gouttes)

- Mélangez l'ensemble des ingrédients dans un bol.
- Transvasez la préparation dans un flacon.

Astuce : pour favoriser la dispersion de l'huile, versez-la directement sous le jet d'eau chaude, lorsque vous remplissez votre baignoire.

Douche & bain

DIABOLO MENTHE
pour le bain

Prenez un bain couleur chlorophylle et laissez-vous envelopper dans une écume aérienne au parfum vif et végétal de menthe verte. Contraste de l'eau chaude et de la menthe rafraîchissante, ce bain stimule, revitalise et apporte un véritable coup de fouet, tout en apaisant les tensions. Pour un bain revigorant et déstressant, ajoutez deux ou trois cuillerées à soupe au moment de faire couler votre bain, entrez dans l'eau et savourez ce diabolo menthe...

Bain moussant ◊ 10 minutes ◊ Facile ◊ 6 mois

CONTENANT Flacon de 150 ml

MATÉRIEL
Bol
Mini-fouet
Balance de précision ou :
Verre doseur de 25 ml
Pipette graduée de 10 ml

INGRÉDIENTS
Tensioactif Mousse de sucre*
  — 55 g (ou 50 ml)
Tensioactif Mousse de babassu*
  — 53 g (ou 50 ml)
Tensioactif Base douceur* — 50 g (ou 45 ml)
Huile essentielle de menthe verte
  — 3,3 g (ou 3 ml)
Chlorophylle liquide — 5,7 g (ou 5 ml)

- Mélangez l'ensemble des ingrédients dans un bol.
- Transvasez la préparation dans un flacon.

Astuce : remplacez l'huile essentielle de menthe par l'extrait aromatique de fraise et la chlorophylle par l'extrait de betterave pour réaliser un Diabolo Fraise !

Douche & bain

* Dénomination Aroma-Zone, voir lexique en fin d'ouvrage.

SUCRÉ-SALÉ POUR LE BAIN
Mousse d'agrumes

Rituel ressourçant et dynamisant, ce sucré-salé pour le bain vous immergera dans une bulle d'agrumes euphorisante au parfum zesté et ensoleillé. En fondant dans l'eau, les cristaux de sels d'Epsom diffuseront les effluves optimisants des huiles essentielles de citron vert et d'orange sanguine, tout en infusant le bain de leurs propriétés reminéralisantes. Pour vous plonger dans cette mousse, ajoutez une poignée de sucré-salé au moment de faire couler votre bain, directement sous le jet d'eau chaude.

Sels de bain ◊ 25 minutes ◊ Facile ◊ 6 mois

CONTENANT Flacon de 150 ml

MATÉRIEL
2 bols
Mini-fouet
Balance de précision ou :
Verre doseur de 25 ml
Pipette graduée de 10 ml

INGRÉDIENTS
Sucre en poudre – 60 g
   (ou 2 verres doseurs de 25 ml)
Sel d'Epsom – 60 g (ou 2 verres
   doseurs de 25 ml)
Tensioactif SCI* – 49,3 g
   (ou 2 verres doseurs de 25 ml)
Huile essentielle d'orange
   sanguine – 3,6 g (ou 4 ml)
Huile essentielle de petitgrain bigarade
   – 0,5 g (ou 20 gouttes)
Chlorophylle liquide – 0,2 g (ou 8 gouttes)
Huile essentielle de citron vert
   – 1,8 g (ou 70 gouttes)
Extrait aromatique de fruit de
   la Passion – 0,7 g (ou 30 gouttes)

- Mélangez le sucre en poudre, le sel d'Epsom et le tensioactif SCI dans un bol.
- Séparez votre mélange en deux parts égales.
- Dans une des deux parts, ajoutez les huiles essentielles d'orange sanguine et de petitgrain (préparation jaune).
- Dans l'autre part, ajoutez la chlorophylle liquide, l'huile essentielle de citron vert et l'extrait aromatique de fruit de la Passion (préparation verte).
- Mélangez soigneusement chacune des préparations afin d'homogénéiser les couleurs.
- Transvasez par superposition les deux préparations colorées dans un flacon.

Douche & bain

* Dénomination Aroma-Zone, voir lexique en fin d'ouvrage.

POUDRE DE BAIN PÉTILLANTE
à la Verveine exotique

Effervescente, cette poudre de bain crépitera joyeusement dans l'eau chaude en diffusant ses effluves fruités de litsée citronnée, appelée également verveine exotique. Mode d'emploi pour oublier tous vos soucis : immergez-vous dans l'eau, saupoudrez de deux ou trois cuillerées de poudre, fermez les yeux, écoutez l'eau chanter et savourez ce moment de sérénité qui vous permettra de repartir du bon pied.

Poudre pour le bain ♦ Tous types de peau ♦ 10 minutes ♦ Facile ♦ 6 mois

CONTENANT Pot de 150 ml

MATÉRIEL
Bol
Mini-fouet
Balance de précision ou :
Verre doseur de 25 ml
Pipette graduée de 10 ml

INGRÉDIENTS
Bicarbonate de soude – 61,6 g
    (ou 2 verres doseurs)
Acide citrique – 38,8 g (ou 1,5 verre doseur)
Amidon de maïs – 37 g
    (ou 2,5 verres doseurs)
Huile essentielle de litsée
    citronnée – 4,5 g (ou 5 ml)
Chlorophylle liquide – 2,4 g (ou 64 gouttes)

- Mélangez l'ensemble des ingrédients dans un bol.
- Recouvrez le bol de façon hermétique à l'aide d'un film alimentaire et laissez reposer toute une nuit.
- Mélangez à nouveau la préparation et transvasez-la dans un pot.

Douche & bain

DÉODORANT PURETÉ
Menthe & Bambou

Protection douce et végétale, ce déodorant naturel lutte contre la transpiration excessive et préserve la fraîcheur de la peau tout au long de la journée. Sa formule à base de plantes associe l'actif Bacti-pur, qui inhibe la formation des mauvaises odeurs corporelles, aux hydrolats de menthe verte et de bambou, régulateurs et matifiants. Une synergie d'huiles essentielles diffuse ses effets purifiants et rafraîchissants. Appliquez ce déodorant végétal à l'aide du flacon roll-on sur une peau préalablement nettoyée. Très pénétrant, il laisse la peau pure, nette et veloutée.

Déodorant / Tous types de peau / 15 minutes / Facile / 3 mois

CONTENANT Flacon roll-on de 50 ml

MATÉRIEL
Bol
Mini-fouet
Balance de précision ou :
Verre doseur de 25 ml
Pipette graduée de 10 ml
Cuillère de dosage de 0,05 ml

INGRÉDIENTS
Gel d'aloe vera – 31 g (ou 30 ml)
Hydrolat de menthe verte – 15 g (ou 15 ml)
Hydrolat de bambou – 5 g (ou 5 ml)
Actif purifiant Bacti-Pur*
 – 1,1 g (ou 38 gouttes)
Huile essentielle de menthe verte
 – 0,1 g (ou 3 gouttes)
Huile essentielle de manuka
 – 0,4 g (ou 14 gouttes)
Conservateur Cosgard* – 0,4 g
 (ou 13 gouttes)

- Mélangez le gel d'aloe vera et les hydrolats dans un bol.
- Ajoutez le reste des ingrédients et mélangez.
- Transvasez la préparation dans un flacon roll-on.

Astuce : si vous souhaitez apporter un effet anti-transpirant à votre déodorant, ajoutez une cuillère (0,5 ml) de pierre d'alun en poudre.

* Dénomination Aroma-Zone, voir lexique en fin d'ouvrage.

SPRAY ANTI-MOUSTIQUE
Ne me pique pas !

Ne laissez plus les moustiques gâcher vos soirées d'été grâce à cette lotion végétale aux effets répulsifs redoutables. Adieu vrombissements angoissants et piqûres irritantes, grâce à la protection bienveillante offerte à votre peau par les huiles essentielles de géranium et de lemongrass ! Vaporisez cette lotion au parfum fleuri et citronné sur les zones corporelles exposées, puis renouvelez les applications toutes les deux à trois heures dans les zones infestées.

Soin spécifique corps ◊ 5 minutes ◊ Facile ◊ 6 mois

CONTENANT Flacon de 100 ml

MATÉRIEL
Bol
Mini-fouet
Balance de précision ou :
Verre doseur de 25 ml
Pipette graduée de 10 ml

INGRÉDIENTS
Alcool à 90° ou Base de parfum neutre BIO*
 — 81,7 g (ou 100 ml)
Huile essentielle de géranium d'Égypte
 — 2,8 g (ou 3 ml)
Huile essentielle de lemongrass
 — 1,4 g (ou 50 gouttes)

- Versez tous les ingrédients dans un flacon.
- Fermez le flacon et agitez.

* Dénomination Aroma-Zone, voir lexique en fin d'ouvrage.

CIRE D'ÉPILATION ORIENTALE
Miel & Jasmin

Naturelle, douce pour la peau et écologique, la cire au miel est l'un des secrets de beauté des femmes orientales. Pratiquée depuis l'Antiquité, elle assure une épilation parfaite et d'une merveilleuse sensualité. D'une belle couleur caramel, elle embaume les fleurs de jasmin et apporte aux jambes les bienfaits cicatrisants, purifiants, adoucissants et hydratants du miel. Pour une épilation voluptueuse et une peau de satin, faites chauffer la préparation au bain-marie à 40-50 °C puis appliquez-la sur les zones à épiler à l'aide d'une spatule en bois. Laissez refroidir quelques secondes, puis retirez à l'aide d'une bande de tissu. Vous pouvez ensuite appliquer une crème hydratante sur les zones épilées.

Soin spécifique corps ◊ Tous types de peau ◊ 30 minutes ◊ Avancé ◊ 6 mois

CONTENANT Pot de 120 ml

MATÉRIEL
Bol résistant à la chaleur (inox…)
Mini-fouet
Thermomètre
Balance de précision ou :
Verre doseur de 25 ml
Cuillère de dosage de 2 ml
Pipette graduée de 10 ml

INGRÉDIENTS
Eau aromatique de jasmin – 30 g (ou 30 ml)
Acide lactique – 1 g (ou 36 gouttes)
Sucre en poudre – 90 g
  (ou 3 verres doseurs de 25 ml)
Substitut végétal de lanoline* –
  3,8 g (ou 2 cuillères de 2 ml)
Miel liquide – 6,3 g (ou 3 cuillères de 2 ml)

- Versez l'eau aromatique de jasmin dans un bol, puis ajoutez l'acide lactique, le sucre en poudre et le substitut végétal de lanoline. Mélangez pour homogénéiser.
- Faites chauffer l'ensemble sur feu moyen sans remuer.
- Retirez du feu lorsque la température atteint les 155 °C.
- Laissez refroidir quelques secondes, puis ajoutez le miel liquide et mélangez.
- Coulez la préparation encore fluide dans un pot et laissez totalement refroidir avant de placer le couvercle.

* Dénomination Aroma-Zone, voir lexique en fin d'ouvrage.

DENTIFRICE FRAÎCHEUR
Réglisse & Menthe

Nul besoin de produits chimiques pour dévoiler un sourire éclatant et conserver des dents en bonne santé ! Au pouvoir assainissant et abrasif très doux, ce dentifrice 100 % naturel préserve l'équilibre buccal, élimine la plaque dentaire, blanchit les dents sans attaquer l'émail et diffuse sa fraîcheur purifiante dans toute la bouche. Utilisez cette pâte comme un dentifrice classique à l'aide d'une brosse à dent, puis rincez à l'eau claire.

Dentifrice ◊ 10 minutes ◊ Facile ◊ 1 mois

CONTENANT Flacon de 80 ml

MATÉRIEL
Bol
Mini-fouet
Balance de précision ou :
Verre doseur de 25 ml
Cuillère de dosage de 2 ml
Cuillère de dosage de 0,5 ml

INGRÉDIENTS
Hydrolat de menthe verte – 40 g (ou 40 ml)
Carbonate de calcium – 7,6 g
   (ou 5 cuillères de 2 ml)
Gomme Xanthane – 1,2 g (ou
   1 cuillère de 2 ml)
Glycérine – 12 g (ou 15 ml)
Réglisse en poudre – 1,7 g
   (ou 2 cuillères de 2 ml)
Tensioactif SLSA* – 2,8 g
   (ou 2 cuillères de 2 ml)
Huile essentielle de menthe verte
   – 0,3 g (ou 10 gouttes)
Conservateur Cosgard* – 0,6 g
   (ou 20 gouttes)
Bicarbonate de soude – 0,5 g
   (ou 1 cuillères de 0,5 ml)

- Mélangez l'hydrolat de menthe et le carbonate de calcium dans un bol.
- Ajoutez la gomme xanthane en pluie, tout en agitant pour éviter les grumeaux.
- Laissez reposer environ 10 minutes – un gel se forme.
- Mélangez de nouveau énergiquement afin d'obtenir un gel bien lisse et homogène.
- Ajoutez le reste des ingrédients puis mélangez.
- Transvasez la préparation dans un flacon.

* Dénomination Aroma-Zone, voir lexique en fin d'ouvrage.

EAU DE TOILETTE
Délices d'été

Lumineuse comme une journée d'été, cette fragrance rayonne d'une énergie solaire, gourmande et fruitée. Gorgés de soleil, des abricots mûrs et veloutés s'épanouissent sous la lumière vive et pétillante du yuzu, puis se fondent avec délice dans la sensualité crémeuse de la vanille et des fleurs de frangipanier. Vibration radieuse, cette eau de toilette ensoleillera chacune de vos journées.

Parfum ◊ 20 minutes ◊ Facile ◊ 6 mois

CONTENANT Flacon de 50 ml

MATÉRIEL
Bol
Mini-fouet
Papier-filtre
Balance de précision ou :
Verre doseur de 25 ml
Cuillère de dosage de 0,5 ml

INGRÉDIENTS
Alcool à 90° ou Base de parfum neutre BIO*
  – 36,8 g (ou 45 ml)
Absolue de frangipanier – 0,5 g
  (ou ½ cuillère de 0,5 ml)
Huile essentielle de yuzu
  – 0,9 g (ou 60 gouttes)
Extrait aromatique de vanille – 4 g (ou 5 ml)
Extrait aromatique d'abricot
  – 0,8 g (ou 50 gouttes)

- Mélangez tous les ingrédients dans un bol.
- Couvrez votre bol de façon hermétique à l'aide d'un film alimentaire et laissez macérer pendant 1 à 3 semaines.
- Filtrez votre préparation à l'aide d'un papier-filtre et transférez-la dans un flacon.

* Dénomination Aroma-Zone, voir lexique en fin d'ouvrage.

GOMMAGE LULUR
de l'île de Java

Soin précieux des princesses javanaises, le gommage Lulur, nettoyant et purifiant, leur était prodigué 40 jours avant la cérémonie de leur mariage, afin d'adoucir et de sublimer leur peau. Alliance d'épices, de sucre et de pulpe de coco, le Lulur fond rapidement au contact de la peau et l'exfolie avec une grande douceur. Pour une peau veloutée, lumineuse et subtilement épicée, massez-vous le corps sous la douche avec une petite poignée de Lulur, puis rincez à l'eau claire.

Gommage corps ◊ Tous types de peau ◊ 20 minutes ◊ Facile ◊ 3 mois

CONTENANT Pot de 120 ml

MATÉRIEL
Bol
Mini-fouet
Balance de précision ou :
Verre doseur de 25 ml
Cuillère de dosage de 2 ml

INGRÉDIENTS
Pulpe de coco râpée – 20 g
   (ou 2 verres doseurs de 25 ml)
Cannelle en poudre – 2,8 g
   (ou 3 cuillères de 2 ml)
Curcuma en poudre – 1 g
   (ou 1 cuillère de 2 ml)
Sucre en poudre – 60 g
   (ou 2 verres doseurs de 25 ml)
Tensioactif Mousse de sucre*
   – 11 g (ou 10 ml)
Huile essentielle de gingembre
   – 1,4 g (ou 50 gouttes)

- Mélangez tous les ingrédients dans un bol.
- Transvasez la préparation dans un pot.

Gommages

* Dénomination Aroma-Zone, voir lexique en fin d'ouvrage.

GOMMAGE DES VERGERS
aux Abricots

Promenez-vous dans les vergers de Provence avec ce gommage vitaminé, qui exfolie la peau en douceur sans la dessécher. Onctueux, ce gommage gourmand riche en huile végétale d'abricot se transforme en lait nutritif au contact de l'eau. Pour une peau de pêche, appliquez en massages circulaires sous la douche et rincez à l'eau claire.

Gommage corps ♦ Peaux sèches ♦ 30 minutes ♦ Avancé ♦ 3 mois

CONTENANT Pot de 120 ml

MATÉRIEL
2 bols
Mini-fouet
Balance de précision ou :
Verre doseur de 25 ml
Pipette graduée de 10 ml

INGRÉDIENTS
Émulsifiant Gélisucre* – 33 g (ou 30 ml)
Huile végétale d'abricot – 50,6 g (ou 55 ml)
Macérât huileux de carotte
 – 13,8 g (ou 15 ml)
Extrait aromatique d'abricot
 – 1,8 g (ou 2 ml)
Huile essentielle d'orange
 – 0,9 g (ou 35 gouttes)
Sucre en poudre – 25 g (ou 1 verre de 25 ml)

- Versez le Gélisucre dans un premier bol.
- Dans un second bol, mélangez l'huile d'abricot, le macérât de carotte, l'extrait aromatique d'abricot et l'huile essentielle d'orange.
- Ajoutez petit à petit ce mélange dans le premier bol, en mélangeant énergiquement entre chaque ajout. Le mélange se gélifie.
- Ajoutez le sucre en poudre, puis mélangez.
- Transvasez la préparation dans un pot.

Gommages

* Dénomination Aroma-Zone, voir lexique en fin d'ouvrage.

GELÉE EXFOLIANTE
Sous les figuiers

Précieuse et fondante, cette gelée allie le pouvoir exfoliant des coques de noix à la douceur régénérante du macérât huileux de figuier de Barbarie. Nettoyée en profondeur et libérée de ses cellules mortes, la peau est lisse, soyeuse et tonifiée. Appliquez cette gelée en massages circulaires sous la douche et laissez son parfum suave vous transporter à l'ombre d'un figuier…

Gommage corps ◊ Tous types de peau ◊ 5 minutes ◊ Facile ◊ 3 mois au réfrigérateur

CONTENANT Pot de 120 ml

MATÉRIEL

Bol
Mini-fouet
Balance de précision ou :
Pipette graduée de 10 ml
Cuillère de dosage de 2 ml

INGRÉDIENTS

Gel d'aloe vera – 100 g
  (ou un flacon de 100 ml)
Macérât huileux de figuier
  de Barbarie – 1,8 g (ou 2 ml)
Coque de noix en poudre – 6,3 g
  (ou 5 cuillères de 2 ml)
Extrait aromatique de figue
  – 8,5 g (ou 8 ml)

- Versez le gel d'aloe vera dans un bol, à l'aide de la pipette, si nécessaire.
- Ajoutez le reste des ingrédients, puis mélangez.
- Transférez la préparation dans un pot.

MOUSSE CRAQUANTE
Grenade & Cranberry

Mousse tentatrice au parfum exquis de fraise des bois, cette crème craquante et aérienne enrobe la peau d'un cocon nutritif et réparateur. Alliance du beurre de cacao blanc et des huiles rares de grenade et de cranberry, elle hydrate, régénère, protège la peau et en préserve toute la jeunesse. Succombez à ce soin gourmand après la douche en l'appliquant sur l'ensemble du corps ou simplement sur les zones les plus sèches – jambes, genoux, coudes, mains, pieds… Difficile de s'arrêter !

Crème corps ◊ Tous types de peau ◊ 30 minutes ◊ Avancé ◊ 1 mois

CONTENANT Pot de 120 ml

MATÉRIEL
Bols résistants à la chaleur (inox…)
Batteur mousseur
Balance de précision ou :
Verre doseur de 25 ml
Cuillère de dosage de 2 ml
Cuillère de dosage de 0,5 ml

INGRÉDIENTS
Huile végétale de cranberry – 9,2 g (ou 10 ml)
Ocre rose – 0,8 g (ou 2 cuillères de 0,5 ml)
Pastilles de beurre de cacao blanc – 9 g (ou 9 pastilles)
Cire émulsifiante n° 2* – 9 g (ou 9 cuillères de 2 ml)
Eau minérale – 90 g (ou 90 ml)
Gomme xanthane – 0,3 g (ou 2 cuillères de 0,5 ml)
Extrait CO_2 de grenade – 0,6 g (ou 23 gouttes)
Extrait aromatique de fraise des bois – 1,1 g (ou 43 gouttes)
Conservateur Cosgard* – 1 g (ou 35 gouttes)

- Versez l'huile de cranberry dans un premier bol, puis ajoutez l'ocre rose, le beurre de cacao et la cire émulsifiante n° 2.
- Dans un second bol, versez l'eau minérale, puis ajoutez la gomme xanthane.
- Faites chauffer les deux bols au bain-marie.
- Lorsque la cire émulsifiante est totalement fondue et que l'eau commence à frémir, sortez les bols du bain-marie.
- Ajoutez lentement le mélange d'eau frémissante et de gomme xanthane dans le premier bol, tout en agitant vigoureusement durant 3 minutes à l'aide du batteur.
- Placez le bol dans un fond d'eau froide et continuez d'agiter jusqu'à refroidissement.
- Ajoutez l'extrait CO_2 de grenade, l'extrait aromatique de fraise des bois et le conservateur, puis mélangez toujours à l'aide du batteur.
- Transvasez la préparation dans un pot.
- Laissez reposer votre préparation sans y toucher pendant 24 heures afin d'obtenir une belle texture mousse.

* Dénomination Aroma-Zone, voir lexique en fin d'ouvrage.

Crèmes, laits & baumes

MOUSSE COCOONING
Choco-Menthe

Véritable gourmandise pour peau douce, cette mousse aérienne marie de délicieux arômes chocolatés au parfum vif et végétal de la menthe verte. Sa texture exquise de chantilly enveloppe la peau des bienfaits nutritifs et protecteurs du beurre de cacao blanc et de l'huile de jojoba. Pour une peau souple et veloutée, appliquez cette mousse savoureuse sur tout le corps, après la douche.

Crème corps ◊ Tous types de peau ◊ 30 minutes ◊ Avancé ◊ 3 mois

CONTENANT Pot de 120 ml

MATÉRIEL
2 bols résistants à la chaleur (inox…)
Batteur mousseur
Balance de précision ou :
Verre doseur de 25 ml
Cuillère de dosage de 2 ml

INGRÉDIENTS
Huile végétale de jojoba – 9,2 g (ou 10 ml)
Cire émulsifiante n° 2* – 6,8 g
   (ou 6 cuillères de 2 ml)
Pastilles de beurre de cacao
   blanc – 9 g (ou 9 pastilles)
Hydrolat de menthe verte – 90 g (ou 90 ml)
Huile essentielle de menthe verte
   – 0,1 g (ou 3 gouttes)
Chlorophylle liquide – 0,1 g (ou 4 gouttes)
Extrait aromatique de chocolat
   – 1,9 g (ou 31 gouttes)
Conservateur Cosgard* – 0,7 g
   (ou 22 gouttes)

- Versez l'huile de jojoba dans un premier bol, puis ajoutez la cire émulsifiante n° 2 et le beurre de cacao.
- Dans un second bol, versez l'hydrolat de menthe verte.
- Faites chauffer les deux bols au bain-marie.
- Lorsque la cire émulsifiante est totalement fondue et que l'hydrolat commence à frémir, sortez les bols du bain-marie.
- Ajoutez lentement l'hydrolat frémissant dans le premier bol, tout en agitant vigoureusement durant 3 minutes à l'aide du batteur.
- Placez le bol dans un fond d'eau froide et continuez d'agiter jusqu'à refroidissement.
- Ajoutez le conservateur Cosgard, mélangez puis séparez la préparation en deux parts égales dans deux bols différents.
- Ajoutez l'huile essentielle de menthe et la chlorophylle dans un bol, puis l'extrait aromatique de chocolat dans l'autre bol.
- Mélangez toujours à l'aide du batteur pour homogénéiser les couleurs.
- Transvasez les préparations dans un pot.
- Laissez reposer votre préparation sans y toucher pendant 24 heures afin d'obtenir une belle texture mousse.

* Dénomination Aroma-Zone, voir lexique en fin d'ouvrage.

Crèmes, laits & baumes

CRÈME PEAU DE SATIN
Amande & Lait d'ânesse

Soin de reine pour peau de satin, cette crème moelleuse enrobe le corps de la douceur du lait d'ânesse et de l'huile végétale d'amande douce. Divinement onctueuse et réconfortante, elle nourrit, hydrate, assouplit, régénère et raffermit la peau. Enveloppez-vous de cette crème exquise après la douche en l'appliquant sur l'ensemble du corps, pour une peau veloutée et parée d'un parfum suave d'amande.

Crème corps ◆ Peaux sèches ◆ 20 minutes ◆ Facile ◆ 3 mois

CONTENANT Pot de 120 ml

MATÉRIEL
Bol résistant à la chaleur (inox…)
Mini-fouet
Balance de précision ou :
Verre doseur de 25 ml
Cuillère de dosage de 2 ml

INGRÉDIENTS
Huile végétale d'amande douce
 – 23 g (ou 25 ml)
Eau minérale – 85 g (ou 85 ml)
Émulsifiant Olivem 1000* – 8,1 g
 (ou 9 cuillères de 2 ml)
Lait d'ânesse en poudre – 1,5 g
 (ou 2 cuillères de 2 ml)
Huile essentielle d'amande amère
 – 0,2 g (ou 8 gouttes)
Conservateur Naticide* – 1,2 g
 (ou 37 gouttes)

- Versez l'huile d'amande douce et l'eau minérale dans un bol, puis ajoutez l'émulsifiant Olivem 1000 et le lait d'ânesse en poudre.
- Faites chauffer le bol au bain-marie.
- Lorsque l'émulsifiant est totalement fondu, sortez le bol du bain-marie et agitez vigoureusement durant 3 minutes.
- Mettez le bol dans un fond d'eau froide et continuez d'agiter jusqu'à refroidissement.
- Ajoutez l'huile essentielle d'amande amère et le conservateur, puis mélangez.
- Transvasez la préparation dans un pot.

* Dénomination Aroma-Zone, voir lexique en fin d'ouvrage.

CHANTILLY DE KARITÉ
à la Vanille des îles

Toute la richesse nutritive du beurre de karité dans un soin aérien, mousseux et incroyablement voluptueux ! Enrichie en macérât huileux de vanille, cette chantilly de karité, très nourrissante et merveilleusement réconfortante, embaume d'exquises notes suaves et gourmandes. À tartiner sur tout le corps sans modération pour une peau régénérée, souple et veloutée !

Baume corps ◊ Peaux sèches ◊ 25 minutes ◊ Avancé ◊ 6 mois

CONTENANT Pot de 120 ml

MATÉRIEL
Mortier et pilon
Mini-fouet
Balance de précision ou :
Verre doseur de 25 ml
Pipette graduée de 10 ml

INGRÉDIENTS
Beurre végétal de karité – 91 g
  (ou 1 pot de 100 ml)
Macérât huileux de vanille
  – 18,5 g (ou 20 ml)
Extrait aromatique de vanille
  – 1,6 g (ou 2 ml)
Vitamine E – 0,3 g (ou 9 gouttes)

- Écrasez le beurre de karité dans un mortier à l'aide du pilon afin d'obtenir une pâte lisse et homogène.
- Incorporez le macérât et l'extrait aromatique de vanille, puis la vitamine E.
- Mélangez énergiquement à l'aide du mini-fouet afin d'obtenir une préparation onctueuse et aérée.
- Transvasez la préparation dans un pot.

Crèmes, laits & baumes

LAIT SATINANT
Noisette & Abricot

Voile lacté gourmand, ce nectar aux huiles de noisette et d'abricot plongera votre peau dans un bain de douceur et d'hydratation. Fluide et très frais, il nourrit, protège, adoucit et revitalise la peau, tout en l'enrobant d'une fragrance exquise aux notes pralinées et abricotées. Enveloppez-vous de ce lait délicieux après la douche pour une peau sublimée et satinée.

Lait corps ◆ Tous types de peau ◆ 20 minutes ◆ Facile ◆ 3 mois

CONTENANT Flacon de 100 ml

MATÉRIEL
Bol résistant à la chaleur (inox…)
Mini-fouet
Balance de précision ou :
Verre doseur de 25 ml
Pipette graduée de 10 ml
Cuillère de dosage de 2 ml

INGRÉDIENTS
Huile végétale de noisette – 9,2 g (ou 10 ml)
Huile végétale d'abricot – 1,8 g (ou 2 ml)
Eau minérale – 80 g (ou 80 ml)
Émulsifiant Cœur de crème* – 6,5 g
   (ou 5 cuillères de 2 ml)
Extrait aromatique d'abricot
   – 1,1 g (ou 70 gouttes)
Conservateur Cosgard*
   – 1 g (ou 35 gouttes)

- Versez les huiles végétales et l'eau minérale dans un bol, puis ajoutez l'émulsifiant Cœur de crème.
- Faites chauffer le bol au bain-marie.
- Lorsque l'émulsifiant est totalement fondu, sortez le bol du bain-marie et agitez vigoureusement durant 3 minutes.
- Mettez le bol dans un fond d'eau froide et continuez d'agiter jusqu'à refroidissement.
- Ajoutez l'extrait aromatique d'abricot et le conservateur, puis mélangez.
- Transvasez la préparation dans un flacon.

* Dénomination Aroma-Zone, voir lexique en fin d'ouvrage.

BAUME D'ALEP PURIFIANT
pour peaux à problèmes

Infiniment fondant, ce baume de pureté végétale est un hommage au mythique savon d'Alep. Il marie les vertus purifiantes, apaisantes et réparatrices des huiles de baies de laurier, de périlla et de nigelle en un soin doux et efficace, qui permet de prévenir et de soulager l'eczéma, le psoriasis, l'acné et les problèmes de peau. Chauffez le baume au creux de la main, puis appliquez une noisette de soin matin et soir sur les zones concernées préalablement nettoyées.

Baume corps ◊ Peaux à problèmes ◊ 15 minutes ◊ Facile ◊ 6 mois

CONTENANT Pot de 80 ml

MATÉRIEL
Bol résistant à la chaleur (inox…)
Mini-fouet
Balance de précision ou :
Verre doseur de 25 ml
Cuillère de dosage de 2 ml

INGRÉDIENTS
Huile végétale d'olive – 27,6 g (ou 30 ml)
Cire Cera bellina* (cire d'abeille modifiée) – 11 g (ou 8 cuillères de 2 ml)
Huile végétale de périlla – 18,4 g (ou 20 ml)
Huile végétale de baies de laurier – 13,8 g (ou 15 ml)
Huile végétale de nigelle – 4,6 g (ou 5 ml)
Vitamine E – 0,15 g (ou 6 gouttes)

- Versez l'huile végétale d'olive dans un bol et ajoutez la Cera bellina, puis faites chauffer le bol au bain-marie.
- Lorsque la Cera bellina est totalement fondue, retirez du feu.
- Ajoutez les huiles végétales de périlla, de baies de laurier et de nigelle, puis la vitamine E et mélangez.
- Plongez le bol dans un bain d'eau froide, puis mélangez jusqu'au refroidissement de la préparation.
- Transvasez la préparation dans un pot.

Crèmes, laits & baumes

* Dénomination Aroma-Zone, voir lexique en fin d'ouvrage.

BEURRE ANTI-PEAU DE CROCO
Amande & Cerise

Plongez-vous dans la gourmandise la plus totale avec ce beurre moelleux au parfum délicieux de cerise et d'amande. Mariage de l'huile et du beurre d'amande douce, ce soin riche et onctueux est une merveille pour le soin des peaux sèches. Intensément nutritif et réparateur, il s'applique après la douche en massages sur tout le corps ou simplement sur les zones très sèches (jambes, coudes, pieds…) pour retrouver une peau douce et satinée.

Baume corps ◊ Peaux sèches ◊ 25 minutes ◊ Facile ◊ 6 mois

CONTENANT Pot de 120 ml

MATÉRIEL
Bol résistant à la chaleur (inox…)
Mini-fouet
Balance de précision ou :
Verre doseur de 25 ml
Pipette graduée de 10 ml

INGRÉDIENTS
Huile végétale d'amande douce
  – 27,5 g (ou 30 ml)
Beurre végétal d'amande – 83 g (ou 90 ml)
Extrait aromatique d'amande de cerise
  – 3,4 g (ou 4 ml)

- Versez l'huile d'amande douce dans un bol, puis ajoutez le beurre d'amande.
- Faites fondre l'ensemble au bain-marie, puis retirez du feu.
- Ajoutez l'extrait aromatique d'amande de cerise et mélangez.
- Placez le bol au congélateur et mélangez de temps en temps, afin d'obtenir une pâte onctueuse et homogène.
- Coulez la préparation sous forme de pâte dans un pot.

Crèmes, laits & baumes

SOIN SORBET MINCEUR
au Pamplemousse

Drainant et raffermissant, ce sorbet couleur chlorophylle concentre les propriétés minceur de l'huile essentielle de pamplemousse pour une silhouette tonique et galbée. Appliqué quotidiennement sur les zones rebelles, il évite les rétentions d'eau, tonifie la peau et gomme l'aspect « peau d'orange ». Riche en cristaux de menthol, son application procure une sensation « givrée », merveilleusement fraîche et tonifiante.

Gel corps ◊ 10 minutes ◊ Facile ◊ 3 mois

CONTENANT Pot de 120 ml

MATÉRIEL
Bol
Mini-fouet
Balance de précision ou :
Verre doseur de 25 ml
Pipette graduée de 10 ml
Cuillère de dosage de 2 ml

INGRÉDIENTS
Alcool à 90° ou Base de parfum neutre BIO*
  — 16,3 g (ou 20 ml)
Cristaux de menthol — 3,6 g
  (ou 3 cuillères de 2 ml)
Gel d'aloe vera — 98,8 g (ou 95 ml)
Huile essentielle de pamplemousse sans
  furocoumarines — 5,4 g (ou 6 ml)
Chlorophylle liquide — 0,2 g (ou 7 gouttes)

- Mélangez l'alcool et les cristaux de menthol dans un bol.
- Ajoutez le reste des ingrédients, puis mélangez de nouveau au fouet pour obtenir une préparation homogène.
- Transférez la préparation dans un pot.

Crèmes, laits & baumes

* Dénomination Aroma-Zone, voir lexique en fin d'ouvrage.

SÉRUM SPA MINCEUR à la Caféine

Voile givré concentré en actifs minceur, ce sérum fondant fusionne avec la peau pour la raffermir et la lisser. Drainante, la caféine lutte contre la cellulite et favorise la libération des graisses, tandis que l'extrait d'algue brune (Fuco'slim) offre ses bienfaits amincissants. Appliquez ce sérum brûleur de graisses en massages quotidiens sur les zones concernées : sa texture évanescente pénètre rapidement et laisse la peau fraîche et tonifiée.

Gel corps ◊ 20 minutes ◊ Facile ◊ 3 mois

CONTENANT Flacon de 100 ml

MATÉRIEL
2 bols résistants à la chaleur (inox …)
Mini-fouet
Balance de précision ou :
Verre doseur de 25 ml
Cuillère de dosage de 2 ml
Pipette graduée de 10 ml

INGRÉDIENTS
Eau aromatique de pamplemousse
   – 20 g (20 ml)
Caféine en poudre 1,6 g – 2 cuillères (2 ml)
Alcool à 90° ou Base de parfum
neutre BIO* – 20,4 g (25 ml)
Cristaux de menthol – 1,2 g (1 cuillère 2 ml)
Gel d'aloe vera – 51,5 g (50 ml)
Actif Fuco'slim* – 5,5 g (5 ml)

- Versez l'eau de pamplemousse dans un premier bol, puis ajoutez la caféine en poudre.
- Faites chauffer le bol au bain-marie.
- Lorsque la caféine est totalement fondue, sortez le bol du bain-marie et laissez refroidir.
- Pendant ce temps, mélangez l'alcool et les cristaux de menthol dans un second bol.
- Ajoutez le reste des ingrédients, ainsi que le mélange du premier bol, puis mélangez pour obtenir une préparation homogène.
- Transférez la préparation dans un flacon, à l'aide de la pipette si nécessaire.

Crèmes, laits & baumes

* Dénomination Aroma-Zone, voir lexique en fin d'ouvrage.

GEL GIVRÉ AUX PLANTES
pour jambes légères

Avis de grand frais avec ce gel « effet glaçon », qui rafraîchit, stimule la circulation sanguine et allège les jambes lourdes. Cocktail d'actifs toniques, drainants et décongestionnants, ce gel s'applique en massage de bas en haut pour soulager les sensations de jambes lourdes et les chevilles gonflées. Son parfum végétal très rafraîchissant transforme ce soin en un véritable moment de bien-être et de légèreté !

Gel corps / 10 minutes / Facile / 3 mois

CONTENANT Flacon de 100 ml

MATÉRIEL
Bol
Mini-fouet
Balance de précision ou :
Verre doseur de 25 ml
Pipette graduée de 10 ml
Cuillère de dosage de 2 ml

INGRÉDIENTS
Alcool à 90° ou Base de parfum neutre BIO*
 — 16,3 g (ou 20 ml)
Cristaux de menthol — 4,8 g
 (ou 4 cuillères de 2 ml)
Gel d'aloe vera — 73 g (ou 70 ml)
Extrait concentré de petit houx
 — 10,2 g (ou 10 ml)
Huile essentielle de cyprès
 — 1 g (ou 40 gouttes)
Chlorophylle liquide — 0,15 g (ou 4 gouttes)

- Mélangez l'alcool et les cristaux de menthol dans un bol.
- Ajoutez le reste des ingrédients, puis mélangez de nouveau au fouet pour obtenir une préparation homogène.
- Transférez la préparation dans un flacon à l'aide de la pipette si nécessaire.

* Dénomination Aroma-Zone, voir lexique en fin d'ouvrage.

BAUME MOELLEUX
pour petons fatigués

Baume de réconfort pour les pieds secs, abîmés ou ayant beaucoup marché, ce soin riche et onctueux restaurera toute leur douceur et réveillera leur vitalité. Moelleusement enveloppés par les bienfaits nourrissants des beurres de karité et de kukui, vos petits petons se laisseront choyer par le macérât de calendula, calmant et apaisant. Lavande et romarin souffleront un parfum de Provence sur ce soin et soulageront vos pieds des crampes et des contractures, tout en les gardant frais et purifiés. Pour des pieds tout doux, appliquez une noisette en massage jusqu'à pénétration complète du soin.

Baume pieds / Pieds secs et abimés / 25 minutes / Facile / 6 mois

CONTENANT Pot de 80 ml

MATÉRIEL
Mortier
Balance de précision ou :
Verre doseur de 25 ml
Pipette graduée de 10 ml

INGRÉDIENTS
Beurre végétal de karité – 45 g
 (ou 50 ml, soit ½ pot de 100 ml)
Huile végétale de kukui – 18,4 g (ou 20 ml)
Macérât huileux d'arnica – 9,2 g (ou 10 ml)
Bisabolol végétal – 0,8 g (ou 30 gouttes)
Huile essentielle de lavande aspic
 – 1,5 g (ou 53 gouttes)
Huile essentielle de romarin à camphre
 – 0,3 g (ou 10 gouttes)

- Écrasez le beurre de karité avec l'huile de kukui et le macérât d'arnica dans un mortier à l'aide d'un pilon, afin d'obtenir une pâte lisse et homogène.
- Incorporez le bisabolol et les huiles essentielles, puis mélangez.
- Transvasez la préparation dans un pot.

Astuce : vous pouvez ensuite enfiler de grosses chaussettes pour un effet encore plus cocooning et une meilleure pénétration du soin.

Soins des jambes, des pieds et des mains

CRÈME MAINS VELOUTÉES aux Cerises

Fragrance exquise et texture soyeuse pour cette crème addictive qui vous donnera une irrépressible envie de vous tartiner toute la journée ! Enrichi en huile de noisette, ce soin au parfum de griotte nourrit, protège et adoucit la peau. À appliquer en massages aussi souvent que désiré pour des mains douces et veloutées !

Crème mains ◆ Peaux déshydratées ◆ 20 minutes ◆ Facile ◆ 3 mois

CONTENANT Pot de 80 ml

MATÉRIEL
Bol résistant à la chaleur (inox…)
Mini-fouet
Balance de précision ou :
Verre doseur de 25 ml
Cuillère de dosage de 2 ml

INGRÉDIENTS
Huile végétale de noisette
  – 13,8 g (ou 15 ml)
Hydrolat de cassis – 60 g (ou 60 ml)
Émulsifiant Cœur de crème* – 9,6 g
  (ou 8 cuillères de 2 ml)
Extrait aromatique d'amande de cerise
  – 1,5 g (ou 70 gouttes)
Conservateur Cosgard* – 0,5 g
  (ou 17 gouttes)

- Versez l'huile de noisette et l'hydrolat de cassis dans un bol, puis ajoutez l'émulsifiant Cœur de crème.
- Faites chauffer le bol au bain-marie.
- Lorsque l'émulsifiant est totalement fondu, sortez le bol du bain-marie et agitez vigoureusement durant 3 minutes.
- Mettez le bol dans un fond d'eau froide et continuez d'agiter jusqu'à refroidissement.
- Ajoutez l'extrait d'amande de cerise et le conservateur, puis mélangez.
- Transvasez la préparation dans un pot.

* Dénomination Aroma-Zone, voir lexique en fin d'ouvrage.

SOIN JOLIS ONGLES
au Citron & à la Bourrache

Soin précieux pour mains de reine, cette huile légère et riche en oméga-6 revitalise, répare et embellit durablement les ongles mous et cassants. Les huiles végétales de bourrache et de jojoba, alliées à l'huile essentielle de citron, baignent les ongles de leurs bienfaits fortifiants et revitalisants et stimulent leur pousse. Appliquez ce soin citronné à l'aide du roll-on, puis massez pour faire pénétrer.

Huile mains ◊ 5 minutes ◊ Facile ◊ 6 mois

CONTENANT Flacon roll-on de 15 ml

MATÉRIEL
Balance de précision ou :
Verre doseur de 25 ml

INGRÉDIENTS
Huile végétale de bourrache
  — 9,2 g (ou 10 ml)
Huile végétale de jojoba — 4,5 g (ou 5 ml)
Huile essentielle de citron
  — 0,9 g (ou 30 gouttes)

- Versez l'ensemble des ingrédients dans un flacon roll-on.
- Fermez le flacon, puis agitez.

BAUME DE MASSAGE BALINAIS
aux fleurs de Frangipanier

Ce baume paradisiaque accompagnera vos séances de massages et vous transportera en un voyage imaginaire. Sa texture riche et enveloppante, aux huiles de sésame et de coco, fond sur la peau et lui apporte un toucher glissant, idéal pour des massages relaxants. Pour harmoniser le corps et l'esprit, utilisez ce baume en massages sur la nuque, le dos et le long de la colonne vertébrale. Libéré(e) de tous vos soucis, vous voilà à Bali, la peau illuminée et parée du parfum sublime des fleurs de frangipanier.

Baume corps ◊ 15 minutes ◊ Facile ◊ 6 mois

CONTENANT Pot de 80 ml

MATÉRIEL
Bol résistant à la chaleur (inox…)
Mini-fouet
Balance de précision ou :
Verre doseur de 25 ml
Pipette graduée de 10 ml
Cuillère de dosage de 2 ml
Cuillère de dosage de 0,5 ml

INGRÉDIENTS
Huile végétale de sésame
  – 36,8 g (ou 40 ml)
Huile végétale de coco (fondue)
  – 36,8 g (ou 40 ml)
Absolue de frangipanier – 1 g
  (ou 1 cuillère de 0,5 ml)
Cire Cera bellina* (cire d'abeille modifiée)
  – 12,4 g (ou 9 cuillères de 2 ml)
Extrait aromatique de coco
  – 1,5 g (ou 60 gouttes)

- Versez les huiles végétales dans un bol, puis ajoutez l'absolue de frangipanier et la Cera bellina.
- Faites chauffer le bol au bain-marie.
- Lorsque la Cera bellina est totalement fondue, retirez du feu.
- Plongez le bol dans un bain d'eau froide, puis mélangez jusqu'au refroidissement de la préparation.
- Ajoutez l'extrait aromatique de coco et mélangez.
- Transvasez la préparation dans un pot.

Astuce : ce baume peut aussi être utilisé comme soin nourrissant et parfumant pour le corps et les cheveux.

Massage

* Dénomination Aroma-Zone, voir lexique en fin d'ouvrage.

BAUME DE RÉCONFORT
pour peaux sensibles

Le beurre de karité et l'huile végétale de calophylle inophyle offrent leurs vertus apaisantes, réparatrices et assouplissantes à la peau, tandis qu'une synergie d'huiles essentielles calme les inflammations. Source de réconfort, ce baume moelleux apaise les inconforts des peaux sensibles et aide la peau à retrouver souplesse et douceur. Appliquez cette pommade bienfaisante après la douche sur les zones concernées, jusqu'à amélioration.

Baume corps ◊ Peaux sèches et atopiques ◊ 25 minutes ◊ Facile ◊ 6 mois

CONTENANT Pot de 80 ml

MATÉRIEL
Mortier et pilon
Balance de précision ou :
Verre doseur de 25 ml
Pipette graduée de 10 ml

INGRÉDIENTS
Beurre végétal de karité Nilotica – 69,4 g
   (ou 3 verres doseur de 25 ml)
Huile végétale de calophylle
   inophyle – 3,4 g (ou 4 ml)
Bisabolol végétal – 0,5 g (ou 17 gouttes)
Huile essentielle de lavande fine
   – 0,8 g (ou 30 gouttes)
Huile essentielle de tanaisie annuelle
   ou camomille allemande – 0,15 g
   (ou 6 gouttes)

- Écrasez le beurre de karité avec l'huile de calophylle dans un mortier à l'aide d'un pilon, afin d'obtenir une pâte lisse et homogène.
- Incorporez le bisabolol et les huiles essentielles, puis mélangez.
- Transvasez la préparation dans un pot.

Massage

ROLL-ON ANTI-COUPS
et bleus de l'âme

Compagnon indispensable en cas de choc physique ou émotionnel, ce roll-on apaise les traumatismes, empêche la formation d'hématomes sur la peau et répare les « bleus de l'âme ». Macérât huileux d'arnica, huiles essentielles de millepertuis et d'hélichryse italienne unissent leurs puissantes propriétés anticoagulantes et anti-traumatiques dans ce roll-on au petit format, mais aux grands effets. Appliquez-le sur la zone concernée le plus rapidement possible après le coup, puis renouvelez l'application aussi souvent que nécessaire. Pour un réconfort absolu, appliquez sur le plexus solaire et les poignets.

Huile corps ◊ Tous types de peau ◊ 5 minutes ◊ Facile ◊ 6 mois

CONTENANT Flacon roll-on de 5 ml

MATÉRIEL
Balance de précision ou :
Pipette graduée de 10 ml

INGRÉDIENTS
Macérât huileux d'arnica – 5 g (ou 5 ml)
Huile essentielle d'hélichryse italienne
   – 0,02 g (ou 1 goutte)
Huile essentielle de millepertuis
   – 0,02 g (ou 1 goutte)

- Versez l'ensemble des ingrédients dans un flacon roll-on.
- Fermez le flacon, puis agitez.

Massage

ONGUENT MUSCULAIRE
façon baume du tigre

Inspiré de la recette traditionnelle du « baume du tigre », cet onguent incontournable de la pharmacopée chinoise réunit une synergie d'huiles essentielles au puissant parfum camphré et mentholé. Anti-inflammatoire, revigorant, réchauffant et décongestionnant, il s'applique en massages localisés sur les douleurs musculaires, les torticolis et les piqûres d'insectes, ou sur les tempes pour apaiser les maux de tête et favoriser la relaxation. Un indispensable à emporter partout avec vous !

Baume corps ◆ 20 minutes ◆ Facile ◆ 6 mois

CONTENANT Pot de 15 ml

MATÉRIEL
Bol résistant à la chaleur (inox…)
Mini-fouet
Balance de précision ou :
Verre doseur de 25 ml
Pipette graduée de 10 ml
Cuillère de dosage de 0,5 ml
Cuillère de dosage de 2 ml

INGRÉDIENTS
Macérât huileux d'arnica – 7,4 g (ou 8 ml)
Beurre de karité – 7,2 g (ou 4 cuillères de 2 ml)
Cristaux de menthol – 0,3 g (ou 1 cuillère de 0,5 ml)
Huile essentielle de menthe poivrée – 0,3 g (ou 11 gouttes)
Huile essentielle de romarin à camphre – 0,2 g (ou 8 gouttes)
Huile essentielle de cannelle de Chine – 0,1 g (ou 4 gouttes)
Huile essentielle de clou de girofle – 0,05 g (ou 2 gouttes)

- Versez le macérât huileux d'arnica dans un bol, puis ajoutez le beurre de karité et les cristaux de menthol.
- Faites fondre l'ensemble au bain-marie, puis retirez du feu.
- Ajoutez les huiles essentielles et mélangez.
- Placez le bol au congélateur et mélangez de temps en temps afin d'obtenir une pâte onctueuse et homogène.
- Coulez la préparation sous forme de pâte dans un pot.

Massage

SORBET JOLIS SEINS
aux fleurs de Bellis

Secret de beauté depuis la Renaissance, le macérât de bellis est réputé pour être tenseur et galbant de la poitrine. Il procure tous ses bienfaits à ce sérum frais au parfum exquis de pamplemousse, enrichi en acide hyaluronique qui recèle de puissantes vertus anti-âge. Pour raffermir et préserver la beauté du buste, appliquez-le en massage quotidien sur la poitrine. À vous les jolis décolletés !

Gel buste ◊ Peaux atones ◊ 30 minutes ◊ Facile ◊ 3 mois

CONTENANT Flacon pompe de 100 ml

MATÉRIEL
Bol
Mini-fouet
Balance de précision ou :
Verre doseur de 25 ml
Pipette graduée de 10 ml
Cuillère de dosage de 0,5 ml

INGRÉDIENTS
Gel d'aloe vera – 80 g (ou 80 ml)
Actif acide hyaluronique – 0,3 g
   (ou 2 cuillères de 0,5 ml)
Macérât huileux de bellis (pâquerette)
   – 18,4 g (ou 20 ml)
Huile essentielle de pamplemousse sans
   furocoumarines – 2,7 g (ou 3 ml)

- Mélangez dans un bol le gel d'aloe vera et l'acide hyaluronique. Puis laissez reposer 20 minutes en mélangeant de temps en temps, jusqu'à la solubilisation totale de l'acide hyaluronique.
- Ajoutez le macérât de bellis et l'huile essentielle de pamplemousse, puis mélangez.
- Transvasez la préparation dans un flacon à l'aide de la pipette.
- Si des grumeaux d'acide hyaluronique persistent, laissez à nouveau reposer la préparation pendant 15 minutes, en mélangeant de temps en temps.

Massage

BAUME DE SOLEIL
protecteur à l'Urucum

Compagnon du soleil, ce baume onctueux prépare la peau au bronzage, prévient le vieillissement cutané prématuré et prolonge le hâle. Concentré en huile de karanja photoprotectrice et en urucum, très riche en bêta-carotène, ce soin nourrit, protège la peau en absorbant une partie des UV et favorise le bronzage. Régénérant, antioxydant, apaisant et adoucissant, il illumine la peau de reflets nacrés. Tartinez-vous généreusement avant ou après l'exposition au soleil pour une peau protégée, sublimée et délicieusement parfumée de notes fruitées et exotiques de mangue.

Baume corps ◊ Tous types de peau ◊ 25 minutes ◊ Facile ◊ 6 mois

CONTENANT Pot de 120 ml

MATÉRIEL
Bol résistant à la chaleur (inox…)
Mini-fouet
Balance de précision ou :
Verre doseur de 25 ml
Pipette graduée de 10 ml
Cuillère de dosage de 2 ml
Cuillère de dosage de 0,5 ml

INGRÉDIENTS
Huile végétale de karanja – 46 g (ou 50 ml)
Macérât huileux de vanille – 18,4 g (ou 20 ml)
Beurre végétal de mangue – 45 g (ou 50 ml, soit ½ pot de 100 ml)
Urucum en poudre – 0,4 g (ou 1 cuillère de 0,5 ml)
Extrait aromatique de mangue – 2,4 g (ou 2,5 ml)
Paillettes naturelles* – 2 g (ou 4 cuillères de 2 ml)

- Versez l'huile de karanja et le macérât huileux de vanille dans un bol, puis ajoutez le beurre de mangue et la poudre d'urucum.
- Faites fondre l'ensemble au bain-marie, puis retirez du feu.
- Ajoutez l'extrait aromatique de mangue et les paillettes naturelles, puis mélangez.
- Placez le bol au congélateur et mélangez de temps en temps afin d'obtenir une pâte onctueuse et homogène.
- Coulez la préparation sous forme de pâte dans un pot.

Bon à savoir : ce soin ne remplace pas une protection solaire, notamment pour les peaux claires.

Solaires

* Dénomination Aroma-Zone, voir lexique en fin d'ouvrage.

HUILE SOLAIRE PROTECTRICE
au Karanja

Potion ambrée aux multiples bienfaits, cette huile d'été au karanja protège la peau des radicaux libres et prévient le vieillissement cutané lié au soleil. Enrichie en huile végétale d'abricot illuminatrice, elle assouplit, revitalise et apporte un véritable coup d'éclat à la peau. Son parfum vibrant d'ylang-ylang et de vanille vous convie à un voyage solaire et coloré dans l'océan Indien.

Huile visage et corps ◊ Tous types de peau ◊ 5 minutes ◊ Facile ◊ 6 mois

CONTENANT Flacon pompe de 100 ml

MATÉRIEL
Balance de précision ou :
Verre doseur 25 ml
Pipette graduée de 10 ml

INGRÉDIENTS
Huile végétale de karanja - 18,4 g (ou 20 ml)
Huile végétale d'abricot – 9,2 g (ou 10 ml)
Macérât huileux de vanille
  – 59,8 g (ou 65 ml)
Huile essentielle de bergamote sans
  furocoumarines – 4,5 g (ou 5 ml)
Huile essentielle d'ylang-ylang
  – 0,3 g (ou 10 gouttes)

- Mettez l'ensemble des ingrédients dans un flacon.
- Fermez le flacon et agitez.

Bon à savoir : originaire d'Inde, l'huile végétale de Karanja possède d'excellentes propriétés photoprotectrices, grâce à sa richesse en pongamol. Elle s'utilise pour apporter un filtre UV modéré aux préparations cosmétiques.

Solaires

HUILE BRONZANTE
Monoï & Vanille

Infusée de gousses de vanille et de fleurs de Tiaré, cette huile ambrée veloute, satine et protège la peau. Enrichie de la lumineuse huile de buriti, elle prépare la peau au bronzage, favorise et prolonge le hâle. Pour une peau de vahiné, appliquez cette huile quotidiennement, un mois avant de vous exposer au soleil, puis aussi longtemps que vous le désirerez pour prolonger votre hâle estival.

Huile corps ◆ Tous types de peau ◆ 5 minutes ◆ Facile ◆ 6 mois

CONTENANT Flacon pompe de 100 ml

MATÉRIEL
Balance de précision ou :
Verre doseur de 25 ml

INGRÉDIENTS
Monoï (fondu) – 46 g (ou 50 ml)
Macérât huileux de vanille
  – 32,2 g (ou 35 ml)
Huile végétale de buriti – 18,4 g (ou 20 ml)

- Versez l'ensemble des ingrédients dans un flacon.
- Fermez le flacon, puis agitez.

Solaires

GELÉE ENSOLEILLANTE
à l'Abricot et à la Tomate

Véritable concentré de soleil en flacon, cette gelée scintillante sublime la peau d'un voile d'or. En une ronde ensoleillée, les huiles d'abricot, de tomate et de buriti hydratent, nourrissent, adoucissent, protègent la peau et prolongent le bronzage. Hâlée, lumineuse et délicieusement abricotée, la peau conserve son éclat et sa lumière d'été. Appliquez sur le corps après la douche pour une peau radieuse et veloutée. Agitez avant emploi.

Huile gélifiée corps ◆ Tous types de peau ◆ 20 minutes ◆ Facile ◆ 6 mois

CONTENANT Flacon pompe de 100 ml

MATÉRIEL
Bol résistant à la chaleur (inox…)
Mini-fouet
Balance de précision ou :
Verre doseur de 25 ml
Pipette graduée de 10 ml
Cuillère de dosage de 2 ml

INGRÉDIENTS
Huile végétale d'abricot – 64,4 g (ou 70 ml)
Vitamine E – 0,2 g (ou 8 gouttes)
Cire Cera bellina (cire d'abeille modifiée)*
 – 6,9 g (ou 5 cuillères de 2 ml)
Huile végétale de buriti – 18,4 g (ou 20 ml)
Huile végétale de tomate – 4,6 g (ou 5 ml)
Extrait aromatique d'abricot
 – 2,6 g (ou 3 ml)
Paillettes naturelles* – 2 g
 (ou 4 cuillères de 2 ml)

- Versez l'huile végétale d'abricot et la vitamine E dans un bol, puis ajoutez la Cera bellina.
- Faites chauffer le bol au bain-marie.
- Lorsque la Cera bellina est totalement fondue, retirez du feu.
- Ajoutez le reste des ingrédients, puis mélangez.
- Plongez le bol dans un bain d'eau froide, puis mélangez jusqu'au refroidissement de la préparation.
- Transvasez la préparation dans un flacon, à l'aide de la pipette si nécessaire.

Solaires

* Dénomination Aroma-Zone, voir lexique en fin d'ouvrage.

HUILE CORPS SUBLIME
Délice de Noisettes

Cette huile irisée au parfum de noisettes grillées et vanillées nourrit, assouplit et veloute la peau. Scintillante et ambrée, elle pare le corps d'un voile nacré et l'enrobe d'un sillage exquis et addictif. Appliquez cette friandise après la douche sur l'ensemble du corps ou seulement sur le décolleté pour satiner la peau et la sublimer en toute saison. Agitez le flacon avant chaque utilisation.

Huile corps ◊ Tous types de peau ◊ 5 minutes ◊ Facile ◊ 6 mois

CONTENANT Flacon pompe de 100 ml

MATÉRIEL
Balance de précision ou :
Verre doseur de 25 ml
Cuillère de dosage de 2 ml

INGRÉDIENTS
Huile végétale de noisette – 54 g (ou 60 ml)
Huile végétale de prune – 18,4 g (ou 20 ml)
Macérât huileux de vanille – 18,4 g (ou 20 ml)
Paillettes naturelles* – 1,9 g (ou 4 cuillères de 2 ml)
Mica noisette scintillant* – 0,9 g (ou 1 cuillère de 2 ml)

- Versez l'ensemble des ingrédients dans un flacon.
- Fermez le flacon, puis agitez.

Solaires

* Dénomination Aroma-Zone, voir lexique en fin d'ouvrage.

BRUME AUTOBRONZANTE
Voile d'été

Habillez votre peau d'un voile d'été avec cette brume de soleil au parfum de jasmin. Secret des peaux dorées toute l'année, la DHA, actif autobronzant d'origine végétale, sublime la peau d'un hâle naturel dès 2 heures après l'application. Pour une peau radieuse et ensoleillée, vaporisez cette brume une à deux fois par semaine sur l'ensemble du corps de façon homogène.

Autobronzant corps ◆ Tous types de peau ◆ 10 minutes ◆ Facile ◆ 6 mois

CONTENANT Flacon vaporisateur de 100 ml

MATÉRIEL
Balance de précision ou :
Verre doseur de 25 ml
Pipette graduée de 10 ml
Cuillère de dosage de 2 ml
Cuillère de dosage de 0,05 ml

INGRÉDIENTS
Eau aromatique de jasmin – 95 g (ou 95 ml)
Actif DHA naturelle
  – 6 g (ou 8 cuillères de 2 ml)
Caramel en poudre – 0,3 g
  (ou 1 cuillère de 2 ml)
Bicarbonate de soude – 0,02 g
  (ou ½ cuillère de 0,05 ml)
Conservateur Cosgard* – 0,7 g
  (ou 24 gouttes)

- Versez tous les ingrédients dans un flacon.
- Fermez le flacon et agitez.

Bon à savoir : lavez-vous bien les mains après utilisation.

* Dénomination Aroma-Zone, voir lexique en fin d'ouvrage.

SHAMPOOING APAISANT
à la Pivoine

Plongez vos cheveux dans un bain de fleurs avec ce shampooing à la pivoine et au jasmin, formulé pour les cuirs chevelus les plus délicats. Apaisant, il calme les démangeaisons, prévient l'apparition des pellicules et renforce la brillance de la chevelure. Onctueux, il enveloppe les cheveux de la douceur du rhassoul et d'une mousse légère qui nettoie la chevelure sans l'irriter et laisse les cheveux souples, soyeux et délicatement parfumés.

Shampooing ◊ Cuir chevelu sensible ◊ 15 minutes ◊ Facile ◊ 3 mois

CONTENANT Flacon de 100 ml

MATÉRIEL
Bol
Mini-fouet
Balance de précision ou :
Verre doseur de 25 ml
Pipette graduée de 10 ml
Cuillère de dosage de 2 ml

INGRÉDIENTS
Tensioactif Base consistance* (fondu)
  – 37,8 g (ou 35 ml)
Tensioactif Mousse de babassu*
  – 10,6 g (ou 10 ml)
Eau aromatique de jasmin – 45 g (ou 45 ml)
Acide lactique – 1,1 g (ou 32 gouttes)
Rhassoul en poudre – 2 g
  (ou 1 cuillère de 2 ml)
Pivoine en poudre – 1,4 g
  (ou 2 cuillères de 2 ml)
Conservateur Naticide* – 1,1 g
  (ou 32 gouttes)

- Mélangez les tensioactifs dans un bol.
- Incorporez l'eau de jasmin en mélangeant à l'aide du fouet.
- Ajoutez le reste des ingrédients, puis mélangez de nouveau au fouet pour obtenir une préparation homogène.
- Transférez la préparation dans un flacon.

À noter : bien agiter avant chaque emploi.

Shampooings & masques lavants

* Dénomination Aroma-Zone, voir lexique en fin d'ouvrage.

SHAMPOOING VOLUMATEUR
Douceur de Blé

Ce shampooing très doux aux céréales marie les bienfaits des protéines de blé et de riz pour redonner peps, volume et brillance à la chevelure. Fortifiant, hydratant et volumateur, il gaine la fibre capillaire, apporte du gonflant aux cheveux et facilite le coiffage. Sa base lavante délicate nettoie les cheveux sans les agresser et les enveloppe d'un parfum délicatement sucré, miellé et vanillé. Idéal pour donner du ressort et de la légèreté aux cheveux fins, mous ou dévitalisés !

Shampooing ◊ Tous types de cheveux ◊ 15 minutes ◊ Facile ◊ 3 mois

CONTENANT Flacon de 100 ml

MATÉRIEL
Bol
Mini-fouet
Balance de précision ou :
Verre doseur de 25 ml
Cuillère de dosage de 2 ml

INGRÉDIENTS
Tensioactif Base consistance* (fondu)
  – 27 g (ou 25 ml)
Tensioactif Mousse de babassu*
  – 26,5 g (ou 25 ml)
Hydrolat de fleur d'oranger – 40 g (ou 40 ml)
Protéines de blé (actif phytokératine*)
  – 2,3 g (ou 6 cuillères de 2 ml)
Actif protéines de riz – 2,2 g (ou 62 gouttes)
Extrait aromatique de caramel
  – 2,2 g (ou 66 gouttes)
Conservateur Cosgard* – 1 g
  (ou 35 gouttes)

- Mélangez les tensioactifs dans un bol.
- Incorporez l'hydrolat de fleurs d'oranger en mélangeant délicatement à l'aide du fouet.
- Ajoutez le reste des ingrédients, puis mélangez de nouveau au fouet pour obtenir une préparation homogène.
- Transférez la préparation dans un flacon.

* Dénomination Aroma-Zone, voir lexique en fin d'ouvrage.

SHAMPOOING RESTRUCTURANT
au lait d'Amande

Offrez un bain d'amande lacté à vos cheveux avec ce shampooing onctueux qui nourrit, embellit et fait briller la chevelure. Lait d'amande et protéines de riz y marient leurs bienfaits pour hydrater, adoucir, gainer et fortifier la chevelure. Idéal pour les cheveux secs, il redonne vigueur, éclat et volume à la chevelure en l'enveloppant d'un parfum d'amande.

Shampooing ◊ Cheveux secs ◊ 15 minutes ◊ Facile ◊ 3 mois

CONTENANT Flacon de 100 ml

MATÉRIEL
Bol
Mini-fouet
Balance de précision ou :
Verre doseur de 25 ml
Pipette graduée de 10 ml
Cuillère de dosage de 2 ml

INGRÉDIENTS
Tensioactif Base consistance* (fondu)
  – 27 g (ou 25 ml)
Tensioactif Base douceur*
  – 27,5 g (ou 25 ml)
Huile essentielle d'amande amère
  – 0,1 g (ou 3 gouttes)
Eau minérale – 40 g (ou 40 ml)
Lait d'amande douce en poudre
  – 6,4 g (ou 4 cuillères de 2 ml)
Actif protéines de riz – 3,3 g (ou 3 ml)
Acide lactique – 1,2 g (ou 36 gouttes)
Conservateur Cosgard* – 1 g
  (ou 35 gouttes)

- Mélangez les tensioactifs et l'huile essentielle d'amande dans un bol.
- Incorporez l'eau minérale en mélangeant délicatement à l'aide du fouet.
- Ajoutez le reste des ingrédients, puis mélangez de nouveau au fouet pour obtenir une préparation homogène.
- Transférez la préparation dans un flacon.

* Dénomination Aroma-Zone, voir lexique en fin d'ouvrage.

SHAMPOOING SOS PELLICULES
au Patchouli

Chassez les pellicules et dites-leur adieu définitivement grâce à ce shampooing purifiant, régulateur et fortifiant. Cocktail d'actifs naturels, il apaise les irritations, régule et améliore l'état du cuir chevelu, lutte contre les pellicules et prévient leur apparition. Bienfaisant, ce shampooing embellit la chevelure et l'enveloppe d'un parfum frais et boisé.

Shampooing ◆ Tous types de cheveux ◆ 15 minutes ◆ Facile ◆ 3 mois

CONTENANT Flacon de 100 ml

MATÉRIEL
Bol
Mini-fouet
Balance de précision ou :
Verre doseur de 25 ml
Pipette graduée de 10 ml
Cuillère de dosage de 2 ml

INGRÉDIENTS
Tensioactif Base consistance* (fondu)
  – 27 g (ou 25 ml)
Tensioactif Base douceur*
  – 27,5 g (ou 25 ml)
Huile essentielle de patchouli
  – 0,4 g (ou 15 gouttes)
Hydrolat de patchouli – 45 g (ou 45 ml)
Extrait aromatique de melon
  – 1 g (ou 60 gouttes)
Actif MSM* – 3 g (ou 3 cuillères de 2 ml)
Actif Panthénol (provitamine B5)
  – 2,3 g (ou 52 gouttes)
Acide lactique – 0,4 g (ou 10 gouttes)
Conservateur Naticide* – 1 g
  (ou 31 gouttes)

- Mélangez les tensioactifs et l'huile essentielle de patchouli dans un bol.
- Incorporez l'hydrolat de patchouli en mélangeant délicatement à l'aide du fouet.
- Ajoutez le reste des ingrédients, puis mélangez de nouveau au fouet pour obtenir une préparation homogène.
- Transférez la préparation dans un flacon.

* Dénomination Aroma-Zone, voir lexique en fin d'ouvrage.

SHAMPOOING BARRE
Cassis tonique

Petite baie aux grands effets, le cassis redonne un coup de fouet aux cheveux déprimés et leur fait retrouver toute leur vitalité. Avec un duo de choc cassis-coco, ce shampooing réveille les cheveux assoupis et les fortifie. Pour des cheveux fortifiés, soyeux et faciles à coiffer, frottez le shampooing solide sur vos cheveux mouillés. Massez voluptueusement votre cuir chevelu, rincez et… admirez.

Shampooing ◊ Tous types de cheveux ◊ 25 minutes ◊ Facile ◊ 6 mois

MATÉRIEL
2 moules à savon de 60 g
2 bols résistants à la chaleur (inox…)
Pilon
Balance de précision ou :
Verre doseur de 25 ml
Pipette graduée de 10 ml
Cuillère de dosage de 0,5 ml

INGRÉDIENTS
Hydrolat de cassis – 20 g (ou 20 ml)
Huile végétale de coco – 4,6 g (ou 5 ml)
Huile végétale de cassis – 2,8 g (ou 3 ml)
Tensioactif SLSA* – 19,6 g
   (ou 1 verre doseur de 25 ml)
Tensioactif SCI* – 73,9 g
   (ou 3 verres doseurs de 25 ml)
Extrait aromatique de figue – 4,1 g (ou 4 ml)
Ocre rose – 0,8 g (ou 2 cuillères de 0,5 ml)

- Versez l'hydrolat de cassis et les huiles végétales dans un bol, puis ajoutez les tensioactifs.
- Faites chauffer le bol au bain-marie en écrasant la préparation contre la paroi du bol afin de former une pâte collante homogène. Pour un meilleur résultat, écrasez la préparation à l'aide d'un pilon.
- Retirez le bol du feu et ajoutez l'extrait aromatique de figue.
- Séparez ensuite la préparation en deux parts égales.
- Dans l'une des deux parts, incorporez l'ocre rose et mélangez pour homogénéiser la couleur (pâte rose).
- Déposez les pâtes blanche et rose dans chacun des deux moules et laissez durcir au réfrigérateur pendant 15 minutes avant de démouler.
- Laissez sécher à température ambiante au moins 48 heures avant utilisation.

* Dénomination Aroma-Zone, voir lexique en fin d'ouvrage.

SHAMPOOING GAINANT & FORTIFIANT
au Panthénol

Gorgé de Panthénol, aussi connu sous le nom de Provitamine B5, ce shampooing très doux répare et fortifie les cheveux, des pointes aux racines. Sans les graisser ni les alourdir, il les gaine, leur apporte de la brillance, améliore leur épaisseur, prévient leur chute et participe à leur croissance. À vous les cheveux soyeux et faciles à coiffer, au sillage délicieux de pêche miellée !

Shampooing / Tous types de cheveux / 15 minutes / Facile / 3 mois

CONTENANT Flacon de 100 ml

MATÉRIEL
Bol
Mini-fouet
Balance de précision ou :
Verre doseur 25 ml

INGRÉDIENTS
Tensioactif Base consistance* (fondu)
   — 37,8 g (35 ml)
Tensioactif Mousse de Babassu*
   — 10,6 g (10 ml)
Eau aromatique de citron — 45 g (45 ml)
Extrait aromatique de pêche
   — 1,1 g (53 gouttes)
Actif Honeyquat* — 0,5 g (10 gouttes)
Actif Panthénol (Provitamine B5)
   — 2,3 g (52 gouttes)
Acide lactique — 0,9 g (28 gouttes)
Conservateur Naticide* — 0,9 g (30 gouttes)

- Mélangez les tensioactifs dans un bol.
- Incorporez l'eau de citron en mélangeant délicatement à l'aide du fouet.
- Ajoutez le reste des ingrédients puis mélangez de nouveau au fouet pour obtenir une préparation homogène.
- Transférez la préparation dans un flacon.

* Dénomination Aroma-Zone, voir lexique en fin d'ouvrage.

SHAMPOOING POUDRE
ayurvédique

Quatre poudres ayurvédiques s'associent dans ce shampooing végétal inspiré des rituels de beauté indiens. Détoxifiant et régénérant, il purifie et oxygène le cuir chevelu, lave les cheveux sans les irriter, les fortifie, leur apporte de la brillance et un toucher de soie. Sa mousse fine et légère enveloppe les cheveux d'un parfum relaxant et optimisant d'orange sanguine. Comme rituel de soin sur vos cheveux mouillés, saupoudrez la poudre de shampooing sur le cuir chevelu de manière homogène, faites mousser en massant délicatement, puis rincez à l'eau claire.

Shampooing ◊ Tous types de cheveux ◊ 5 minutes ◊ Facile ◊ 6 mois

CONTENANT flacon de 100 ml

MATÉRIEL
Bol
Mini-fouet
Balance de précision ou :
Verre doseur de 25 ml
Pipette graduée de 10 ml

INGRÉDIENTS
Reetha en poudre – 17,5 g
   (ou 1,5 verre doseur de 25 ml)
Orange en poudre – 5 g
   (ou ½ verre doseur de 25 ml)
Shikakaï en poudre – 14,5 g
   (ou 1 verre doseur de 25 ml)
Multani mitti en poudre – 14,2 g
   (ou 1 verre doseur de 25 ml)
Huile essentielle d'orange
   sanguine – 2,8 g (ou 3 ml)

- Mettez l'ensemble des ingrédients dans un bol.
- Mélangez et transvasez la préparation dans un flacon.

Bon à savoir : les shampooings végétaux naturellement riches en saponines nettoient les cheveux en douceur, sans agresser le cuir chevelu.

MASQUE PURIFIANT
à la Sauge & au Romarin

Bain de pureté végétale, ce masque au rhassoul, infusé de sauge, d'ortie et de romarin, assainit le cuir chevelu, régule l'excès de sébum et fortifie les cheveux. Pour des cheveux souples et revitalisés, appliquez ce masque sur le cuir chevelu humide. Laissez poser 5 à 10 minutes. Massez délicatement, puis rincez à l'eau claire.

Masque cheveux / Cheveux gras / 5 minutes / Facile / Utilisation immédiate

MATÉRIEL

Bol
Cuillère en bois
Balance de précision ou :
Verre doseur de 25 ml

INGRÉDIENTS

Rhassoul en poudre – 60 g
  (ou 2 verres doseurs de 25 ml)
Hydrolat d'ortie – 45 g (ou 45 ml)
Hydrolat de sauge officinale
  – 40 g (ou 40 ml)
Huile essentielle de romarin à
  cinéole – 2,7 g (ou 3 ml)

- Placez la poudre de rhassoul dans un bol.
- Ajoutez progressivement les hydrolats en mélangeant jusqu'à obtenir une pâte lisse et homogène.
- Versez l'huile essentielle de romarin, puis mélangez.

À noter : pour profiter pleinement des bienfaits purifiants de ce masque, renouvelez l'opération deux ou trois fois par mois.

APRÈS-SHAMPOOING
Coco & Citron vert

Escale à Copacabana avec ce soin capillaire au parfum inspiré des rituels de beauté brésiliens! Riche en huile végétale de coco, il facilite le démêlage, prévient l'apparition des fourches et embellit la chevelure. Sa texture légère et onctueuse gaine la chevelure sans l'alourdir, apporte du volume et rend les cheveux doux et brillants. Appliquez une ou deux noix de soin sur l'ensemble des cheveux humides, peignez vos cheveux et laissez poser 1 minute, puis rincez à l'eau claire.

Après-shampooing ◆ Tous types de cheveux ◆ 20 minutes ◆ Avancé ◆ 3 mois

CONTENANT Pot de 120 ml

MATÉRIEL
2 bols résistants à la chaleur (inox…)
Mini-fouet
Balance de précision ou :
Verre doseur de 25 ml
Pipette graduée de 10 ml
Cuillère de dosage de 2 ml

INGRÉDIENTS
Huile végétale de coco – 13,8 g (ou 15 ml)
Émulsifiant Conditionneur végétal*
  – 12 g (ou 10 cuillères de 2 ml)
Eau aromatique de citron – 90 g (ou 90 ml)
Huile essentielle de citron vert
  – 2,6 g (ou 3 ml)
Extrait aromatique de coco – 4 g (ou 4 ml)
Conservateur Cosgard* – 0,75 g
  (ou 23 gouttes)

- Versez l'huile de coco dans un premier bol, puis ajoutez l'émulsifiant Conditionneur végétal.
- Dans un second bol, versez l'eau de citron.
- Faites chauffer les deux bols au bain-marie.
- Lorsque l'émulsifiant est totalement fondu et que l'eau commence à frémir, sortez les bols du bain-marie.
- Ajoutez lentement l'eau de citron frémissante dans le premier bol, tout en agitant vigoureusement durant 3 minutes.
- Placez le bol dans un fond d'eau froide et continuez d'agiter jusqu'à refroidissement.
- Ajoutez l'huile essentielle de citron vert, l'extrait aromatique de coco et le conservateur, puis mélangez.
- Transvasez la préparation dans un pot.

* Dénomination Aroma-Zone, voir lexique en fin d'ouvrage.

BAUME POLYNÉSIEN
au Monoï

Mettez le cap sur les îles du Pacifique avec ce soin onctueux au parfum paradisiaque de monoï et de vanille ! Inspiré des rituels de soins polynésiens, ce masque fortifie, adoucit et sublime la chevelure. Très nourrissant, il lisse et gaine les cheveux, améliore leur résistance, apporte de la brillance et facilite le coiffage. Pour une chevelure de vahiné, appliquez une ou deux noisettes de ce soin sur l'ensemble des cheveux après le shampooing, laissez poser durant 10 minutes, puis rincez à l'eau claire.

Masque cheveux ◊ Cheveux secs et cassants ◊ 20 minutes ◊ Facile ◊ 3 mois

CONTENANT Pot de 150 ml

MATÉRIEL
Bol résistant à la chaleur (inox…)
Mini-fouet
Balance de précision ou :
Verre doseur de 25 ml
Pipette graduée de 10 ml

INGRÉDIENTS
Monoï – 13,8 g (ou 15 ml)
Macérât huileux de vanille
  – 13,8 g (ou 15 ml)
Eau minérale – 100 g (ou 100 ml)
Émulsifiant BTMS* – 15 g
  (ou 1 verre doseur de 25 ml)
Extrait aromatique de vanille
  – 3,2 g (ou 4 ml)
Conservateur Cosgard* – 0,9 g
  (ou 31 gouttes)

- Versez le monoï, le macérât huileux de vanille et l'eau minérale dans un bol, puis ajoutez l'émulsifiant BTMS.
- Faites chauffer le bol au bain-marie.
- Lorsque l'émulsifiant est totalement fondu, sortez le bol du bain-marie et agitez vigoureusement durant 3 minutes.
- Placez le bol dans un fond d'eau froide et continuez d'agiter jusqu'à refroidissement.
- Ajoutez l'extrait aromatique de vanille et le conservateur, puis mélangez.
- Transvasez la préparation dans un pot.

Soins après-shampooing

* Dénomination Aroma-Zone, voir lexique en fin d'ouvrage.

MASQUE LUMIÈRE
aux Fruits exotiques

Léger et onctueux, ce soin délicieux enrobe la chevelure d'un cocktail de fruits vitaminés pour des cheveux doux, brillants et vigoureux. Véritables alliés des cheveux fatigués, le beurre de mangue et l'huile de papaye gainent la fibre capillaire, préviennent la formation des fourches, nourrissent, renforcent l'éclat et préservent l'hydratation de la chevelure. Pour des cheveux habillés de lumière, appliquez une ou deux noix de ce soin fondant sur l'ensemble des cheveux, laissez poser 5 à 10 minutes, puis rincez à l'eau claire.

Masque cheveux ◊ Tous types de cheveux ◊ 20 minutes ◊ Avancé ◊ 3 mois

CONTENANT Pot de 120 ml

MATÉRIEL
2 bols résistants à la chaleur (inox…)
Mini-fouet
Balance de précision ou :
Verre doseur de 25 ml
Pipette graduée de 10 ml
Cuillère de dosage de 2 ml

INGRÉDIENTS
Huile végétale de papaye – 9,2 g (ou 10 ml)
Beurre végétal de mangue – 4,5 g (ou 5 ml)
Émulsifiant Conditionneur végétal*
    – 12 g (ou 10 cuillères de 2 ml)
Eau aromatique de citron – 90 g (ou 90 ml)
Extrait aromatique d'ananas
    – 3,2 g (ou 4 ml)
Conservateur Cosgard* – 0,8 g
    (ou 28 gouttes)

- Versez l'huile de papaye dans un premier bol, puis ajoutez le beurre de mangue et l'émulsifiant conditionneur végétal.
- Dans un second bol, versez l'eau aromatique de citron.
- Faites chauffer les deux bols au bain-marie.
- Lorsque l'émulsifiant est totalement fondu et que l'eau commence à frémir, sortez les bols du bain-marie.
- Ajoutez lentement l'eau aromatique de citron frémissante dans le premier bol, tout en agitant vigoureusement durant 3 minutes.
- Placez le bol dans un fond d'eau froide et continuez d'agiter jusqu'à refroidissement.
- Ajoutez l'extrait aromatique d'ananas et le conservateur, puis mélangez.
- Transvasez la préparation dans un pot.

Soins après-shampooing

* Dénomination Aroma-Zone, voir lexique en fin d'ouvrage.

CRÈME DÉMÊLANTE
aux Fleurs des îles

Cette crème démêlante onctueuse procure à vos cheveux tous les bienfaits du monoï et vous enivre de son parfum exquis. Elle facilite le démêlage, embellit les cheveux, améliore et maintient leur hydratation, tout en leur apportant brillance et douceur. Appliquez après le shampooing sur les longueurs et les pointes des cheveux mouillés, peignez vos cheveux et laissez poser 1 minute, puis rincez à l'eau claire. Pour une chevelure de sirène, au parfum d'îles lointaines !

Après-shampooing ◊ Tous types de cheveux ◊ 20 minutes ◊ Facile ◊ 3 mois

CONTENANT Pot de 150 ml

MATÉRIEL
Bol résistant à la chaleur (inox…)
Mini-fouet
Balance de précision ou :
Verre doseur de 25 ml
Cuillère de dosage de 2 ml

INGRÉDIENTS
Monoï – 13,8 g (ou 15 ml)
Eau minérale – 115 g (ou 115 ml)
Émulsifiant BTMS* – 10,8 g
  (ou 9 cuillères de 2 ml)
Alcool cétéarylique – 1,8 g
  (ou 3 cuillères de 2 ml)
Extrait aromatique de coco – 5 g (ou 5 ml)
Conservateur Cosgard* – 1,5 g
  (ou 53 gouttes)

- Versez le monoï et l'eau minérale dans un bol, puis ajoutez l'émulsifiant BTMS et l'alcool cétéarylique.
- Faites chauffer le bol au bain-marie.
- Lorsque l'émulsifiant et l'alcool cétéarylique sont totalement fondus, sortez le bol du bain-marie et agitez vigoureusement durant 3 minutes.
- Placez le bol dans un fond d'eau froide et continuez d'agiter jusqu'à refroidissement.
- Ajoutez l'extrait aromatique de coco et le conservateur, puis mélangez.
- Transvasez la préparation dans un pot.

* Dénomination Aroma-Zone, voir lexique en fin d'ouvrage.

SOIN REFLETS ÉBÈNE
au Henné noir

Baume de brillance pour les cheveux colorés, ce soin végétal ravive les reflets foncés et réveille toute leur intensité. Association végétale de feuilles, de fleurs et de graines, le henné noir offre à ce soin toutes les propriétés colorantes et embellissantes des plantes qui le composent (indigo, henné naturel, amla, hibiscus…). Pour des cheveux sombres aux reflets hypnotiques, appliquez après le shampooing, une ou deux noisettes de soin sur l'ensemble des cheveux essorés, laissez poser 10 minutes puis rincez à l'eau claire. Ce soin laisse vos cheveux brillants, soyeux et délicieusement parfumés de verveine exotique.

Masque cheveux ◊ Cheveux colorés ◊ 20 minutes ◊ Facile ◊ 3 mois

CONTENANT Pot de 150 ml

MATÉRIEL
Bol résistant à la chaleur (inox…)
Mini-fouet
Balance de précision ou :
Verre doseur de 25 ml
Cuillère de dosage de 2 ml

INGRÉDIENTS
Huile végétale d'olive – 9,2 g (ou 10 ml)
Eau minérale – 120 g (ou 120 ml)
Émulsifiant BTMS* – 15 g
  (ou 1 verre doseur de 25 ml)
Henné noir – 1 g (ou 1 cuillère de 2 ml)
Charbon végétal activé – 1,2 g
  (ou 2 cuillères de 2 ml)
Huile essentielle de verveine exotique
  – 1,5 g (ou 52 gouttes)
Conservateur Cosgard* – 0,9 g
  (ou 31 gouttes)

- Versez l'huile d'olive et l'eau minérale dans un bol, puis ajoutez l'émulsifiant BTMS, le henné noir et le charbon végétal.
- Faites chauffer le bol au bain-marie.
- Lorsque l'émulsifiant est totalement fondu, sortez le bol du bain-marie et agitez vigoureusement durant 3 minutes.
- Placez le bol dans un fond d'eau froide et continuez d'agiter jusqu'à refroidissement.
- Ajoutez l'huile essentielle de verveine exotique et le conservateur, puis mélangez.
- Transvasez la préparation dans un pot.

Soins après-shampooing

* Dénomination Aroma-Zone, voir lexique en fin d'ouvrage.

SOIN BRILLANCE
Tilleul & Citron

Onctueux, aérien et délicieusement parfumé, ce soin gourmand est tout simplement irrésistible ! Léger et fondant, il gaine la fibre capillaire, nourrit et fait briller les cheveux intensément. Appliquez une petite noisette sur les longueurs et les pointes des cheveux secs ou humides, puis massez pour faire pénétrer dans la fibre capillaire. Ce soin à croquer ne se rince pas…

Crème capillaire ◆ Tous types de cheveux ◆ 20 minutes ◆ Avancé ◆ 3 mois

CONTENANT Pot de 80 ml

MATÉRIEL
2 bols résistants à la chaleur (inox…)
Mini-fouet
Balance de précision ou :
Verre doseur de 25 ml
Cuillère de dosage de 2 ml

INGRÉDIENTS
Huile végétale de jojoba – 9 g (ou 10 ml)
Émulsifiant Conditionneur végétal*
  – 6 g (ou 5 cuillères de 2 ml)
Hydrolat de tilleul – 65 g (ou 65 ml)
Huile essentielle de citron
  – 1,8 g (ou 70 gouttes)
Conservateur Cosgard* – 0,5 g
  (ou 18 gouttes)

- Versez l'huile de jojoba dans un premier bol, puis ajoutez l'émulsifiant Conditionneur végétal.
- Dans un second bol, versez l'hydrolat de tilleul.
- Faites chauffer les deux bols au bain-marie.
- Lorsque l'émulsifiant est totalement fondu et que l'hydrolat commence à frémir, sortez les bols du bain-marie.
- Ajoutez lentement l'hydrolat de tilleul frémissant dans le premier bol, tout en agitant vigoureusement durant 3 minutes.
- Placez le bol sur un fond d'eau froide et continuez à agiter jusqu'à refroidissement.
- Ajoutez l'huile essentielle de citron et le conservateur, puis mélangez.
- Transvasez la préparation dans un pot.

* Dénomination Aroma-Zone, voir lexique en fin d'ouvrage.

SÉRUM DISCIPLINANT
Joli Brocoli

Saviez-vous que vos cheveux adorent les brocolis ? Véritable soin capillaire, l'huile végétale de brocoli procure aux cheveux une action gainante comparable aux silicones, et leur apporte brillance et douceur, sans les alourdir ni les étouffer. Associée au gel d'aloe vera hydratant et à l'huile végétale de pracaxi disciplinante, elle fait de ce sérum un indispensable pour embellir la chevelure au quotidien. Pour des cheveux brillants, lisses et soyeux, appliquez une ou deux noisettes de préparation sur vos cheveux secs ou essorés, puis coiffez.

Sérum capillaire ♦ Tous types de cheveux ♦ 25 minutes ♦ Facile ♦ 3 mois au réfrigérateur

CONTENANT Flacon pompe de 100 ml

MATÉRIEL
Coupelle
Bol
Mini-fouet
Balance de précision ou :
Verre doseur de 25 ml
Pipette graduée de 10 ml
Cuillère de dosage de 0,5 ml

INGRÉDIENTS
Actif acide hyaluronique – 0,3 g
 (ou 2 cuillères de 0,5 ml)
Gel d'aloe vera – 87,6 g (ou 85 ml)
Huile végétale de brocoli – 4,6 g (ou 5 ml)
Huile végétale de pracaxi – 4,6 g (ou 5 ml)
Extrait aromatique de framboise
 – 2,2 g (ou 2 ml)

- Hydratez l'acide hyaluronique avec 10 ml d'eau minérale dans une coupelle.
- Pendant ce temps, mettez le gel d'aloe vera dans un bol.
- Ajoutez le reste des ingrédients, ainsi que l'acide hyaluronique préalablement hydraté et mélangez.
- Transférez la préparation dans un flacon, à l'aide de la pipette si nécessaire.

N° 64

SÉRUM LISSANT
au Murumuru

Dompteur de cheveux rebelles et autres frisottis, ce sérum lisse les cheveux indisciplinés sans les abîmer. Bienveillant, il enrobe même la chevelure des bienfaits nourrissants, protecteurs et réparateurs du beurre végétal de murumuru et d'un cocktail végétal d'actifs gainants, hydratants et fortifiants. Pour donner un aspect soyeux à vos cheveux et révéler toute leur brillance, appliquez une ou deux noisettes de ce soin fondant sur les longueurs et pointes, sans rincer.

Sérum capillaire ◊ Tous types de cheveux ◊ 20 minutes ◊ Facile ◊ 3 mois

CONTENANT Flacon de 30 ml

MATÉRIEL
Bol résistant à la chaleur (inox…)
Mini-fouet
Balance de précision ou :
Verre doseur de 25 ml
Pipette graduée de 10 ml
Cuillère de dosage de 2 ml

INGRÉDIENTS
Beurre végétal de murumuru
  (fondu) – 2,8 g (ou 3 ml)
Eau minérale – 23 g (ou 23 ml)
Émulsifiant BTMS* – 1,2 g
  (ou 1 cuillère de 2 ml)
Actif céramides végétales* – 1,2 g (ou 1 ml)
Actif protéines de riz – 1,5 g (ou 42 gouttes)
Huile essentielle de pamplemousse
  – 0,9 g (ou 30 gouttes)
Huile essentielle de romarin à cinéole
  – 0,05 g (ou 2 gouttes)
Conservateur Cosgard*
  – 0,2 g (ou 6 gouttes)

- Versez le beurre de murumuru et l'eau minérale dans un bol, puis ajoutez l'émulsifiant BTMS.
- Faites chauffer le bol au bain-marie.
- Lorsque l'émulsifiant est totalement fondu, sortez le bol du bain-marie et agitez vigoureusement durant 3 minutes.
- Placez le bol dans un fond d'eau froide et continuez d'agiter jusqu'à refroidissement.
- Ajoutez le reste des ingrédients, puis mélangez.
- Transvasez la préparation dans un flacon à l'aide de la pipette.

* Dénomination Aroma-Zone, voir lexique en fin d'ouvrage.

SÉRUM THERMO-PROTECTEUR
à l'aloe vera

Ingénieux, ce sérum protecteur permet de conjuguer coiffures sophistiquées et cheveux en bonne santé. Riche en actifs capillaires embellissants et thermo-protecteurs, il apporte brillance et douceur aux cheveux et protège la fibre capillaire de la déshydratation et des agressions du sèche-cheveux ou du fer à lisser ou à friser. Appliquez une ou deux noisettes de préparation sur vos cheveux secs ou essorés, puis coiffez.

Sérum capillaire ♦ Tous types de cheveux ♦ 10 minutes ♦ Facile ♦ 3 mois au réfrigérateur

CONTENANT Flacon pompe de 100 ml

MATÉRIEL
Bol
Mini-fouet
Balance de précision ou :
Verre doseur de 25 ml
Pipette graduée de 10 ml
Cuillère de dosage de 2 ml

INGRÉDIENTS
Gel d'aloe vera – 50 g (ou 50 ml)
Hydrolat de tilleul – 40 g (ou 40 ml)
Extrait d'algues (actif Kératin'protect)*
  – 5,5 g (ou 5 ml)
Actif inuline – 2,2 g (ou 2 cuillères de 2 ml)
Extrait aromatique d'ananas
  – 2 g (ou 2,5 ml)
Conservateur Cosgard* – 0,7 g
  (ou 25 gouttes)

- Mettez le gel d'aloe vera dans un bol.
- Ajoutez le reste des ingrédients et mélangez.
- Transférez la préparation dans un flacon, à l'aide de la pipette si nécessaire.

Soins des cheveux sans rinçage

* Dénomination Aroma-Zone, voir lexique en fin d'ouvrage.

SPRAY COIFFANT
Wavy look

Concentré d'océan, de sel et de vent en flacon, ce spray malin transformera votre chevelure urbaine en crinière de surfeuse californienne. Gorgé de sel marin, il apportera volume et texture à vos cheveux et vous permettra de sculpter des boucles wavy toute l'année, pour un effet « retour de plage » garanti. Pour de belles ondulations, vaporisez cette brume sur les longueurs, sans rincer.

Soin coiffant ◊ Tous types de cheveux ◊ 10 minutes ◊ Facile ◊ 3 mois

CONTENANT Flacon vaporisateur de 100 ml

MATÉRIEL
Balance de précision ou :
Verre doseur de 25 ml
Cuillère de dosage de 2 ml
Pipette graduée de 10 ml

INGRÉDIENTS
Eau minérale – 85 g (ou 85 ml)
Sel fin marin – 5 g (ou 2,5 cuillères de 2 ml)
Glycérine végétale – 3,8 g (ou 3 ml)
Protéines de blé (actif Phytokératine*)
  – 5,5 g (ou 1 verre doseur de 25 ml)
Extrait aromatique de poire – 3,1 g (ou 3 ml)
Conservateur Cosgard* – 1 g (ou 35 gouttes)

- Versez l'ensemble des ingrédients dans un flacon.
- Fermez le flacon, puis agitez.

Bon à savoir : c'est le sel de mer qui apporte de la densité et donc du volume aux cheveux.

* Dénomination Aroma-Zone, voir lexique en fin d'ouvrage.

GEL COIFFANT
au Miel charmant

Parfait pour amadouer vos épis sauvages, redessiner vos boucles et modeler votre coiffure, ce gel sculpte les cheveux et leur apporte un effet mouillé longue durée, sans les abîmer ni les dessécher. Enrichi en miel et en extrait d'algues rouges, il lisse, gaine, hydrate et renforce la brillance des cheveux. Pour réaliser toutes vos fantaisies capillaires, appliquez une noisette de produit et travaillez-la du bout des doigts sur la longueur des cheveux, tout en créant du volume de la racine jusqu'aux pointes. Ce gel au parfum gourmand s'éliminera lors de votre prochain shampooing. Vous pouvez également appliquer ce gel au peigne.

Soin coiffant ◊ Tous types de cheveux ◊ 20 minutes ◊ Facile ◊ 3 mois

CONTENANT Pot de 80 ml

MATÉRIEL
Bol résistant à la chaleur (inox,…)
Mini-fouet
Balance de précision ou :
Verre doseur de 25 ml
Cuillère de dosage de 0,5 ml
Cuillère de dosage de 2 ml

INGRÉDIENTS
Eau minérale – 70 g (ou 70 ml)
Gomme carraghénane – 0,15 g
 (ou ½ cuillère de 0,5 ml)
Gomme xanthane – 1,2 g
 (ou 2 cuillères de 2 ml)
Miel liquide – 4 g (ou 2 cuillères de 2 ml)
Actif inuline – 1,5 g (ou 6 cuillères de 0,5 ml)
Extrait d'algue rouge (actif silicone végétal)*
 – 3,5 g (ou 8 cuillères de 0,5 ml)
Extrait aromatique de nougat
 – 1,6 g (ou 60 gouttes)
Conservateur Cosgard* – 0,5 g
 (ou 17 gouttes)

- Mélangez l'eau et la gomme carraghénane dans un bol, puis faites chauffer l'ensemble au bain-marie.
- Lorsque la gomme carraghénane est totalement fondue, sortez le bol du bain-marie.
- Ajoutez la gomme xanthane en pluie et en agitant pour éviter les grumeaux.
- Laissez reposer environ 10 minutes – un gel se forme.
- Mélangez de nouveau énergiquement afin d'obtenir un gel bien lisse et homogène.
- Ajoutez le reste des ingrédients, puis mélangez.
- Transvasez la préparation dans un pot.

Soins des cheveux sans rinçage

* Dénomination Aroma-Zone, voir lexique en fin d'ouvrage.

HUILE DESSINE-BOUCLES au Piqui

Avec sa senteur exotique, cette huile des délices vous dessinera de jolies boucles, tout en prenant soin de vos cheveux ! L'huile végétale de piqui apporte ses propriétés d'exception à cette huile très pénétrante, qui démêle, coiffe et embellit vos cheveux. Après le shampooing, appliquez quelques gouttes d'huile sur les longueurs et pointes de vos cheveux humides. Dessinez les boucles à l'aide de vos doigts, puis laissez sécher sans rincer.

Soin coiffant ⫻ Cheveux bouclés ⫻ 10 minutes ⫻ Facile ⫻ 6 mois

CONTENANT Flacon de 50 ml

MATÉRIEL
Balance de précision ou :
Verre doseur de 25 ml

INGRÉDIENTS
Huile végétale de piqui – 23 g (ou 25 ml)
Huile végétale de cranberry
 – 9,2 g (ou 10 ml)
Dry touch – 11,3 g (ou 15 ml)
Vitamine E – 0,1 g (ou 4 gouttes)

- Mettez l'ensemble des ingrédients dans un flacon.
- Fermez le flacon et agitez.

Bon à savoir : traditionnellement utilisée par les Brésiliennes, l'huile végétale de piqui, au parfum fruité très agréable, permet de discipliner les cheveux et de dessiner les boucles.

HUILE SOLAIRE au Karanja

Protectrice contre le sel marin, les rayons du soleil ou le chlore des piscines, cette huile sera votre meilleure alliée pour prendre soin de vos cheveux tout l'été ! L'huile de karanja protège la fibre capillaire des rayons ultraviolets A et B, procure brillance et éclat aux cheveux et nourrit les pointes sèches. Pour une chevelure de naïade au parfum d'ylang-ylang, appliquez ce soin sur l'ensemble des cheveux avant l'exposition solaire, à la plage ou à la piscine.

Huile cheveux ◆ Tous types de cheveux ◆ 10 minutes ◆ Facile ◆ 6 mois

CONTENANT Flacon pompe de 100 ml

MATÉRIEL
Balance de précision ou :
Verre doseur de 25 ml

INGRÉDIENTS
Huile végétale de karanja
 — 73,6 g (ou 80 ml)
Huile végétale de melon d'eau
 — 18,4 g (ou 20 ml)
Huile essentielle d'ylang-ylang
 — 0,9 g (ou 35 gouttes)
Actif Coenzyme Q10* — 1,6 g (ou 66 gouttes)

- Mettez l'ensemble des ingrédients dans un flacon.
- Fermez le flacon et agitez.

* Dénomination Aroma-Zone, voir lexique en fin d'ouvrage.

SOIN FORTIFIANT ANTI-CHUTE au Romarin

Ce masque léger et onctueux redonne force et vigueur aux cheveux fatigués et enveloppe la chevelure de son parfum ensoleillé. L'huile essentielle de romarin s'allie à la puissance de l'extrait de maca pour revitaliser les cheveux, stimuler leur pousse et prévenir leur chute. Enrichi en huile de jojoba, ce masque redonne vitalité, brillance et souplesse aux cheveux. Appliquez après le shampooing une ou deux noisettes de produit en massage, du cuir chevelu jusqu'aux longueurs et pointes ; laissez poser 10 minutes, puis rincez à l'eau claire.

Masque cheveux ◊ Tous types de cheveux ◊ 20 minutes ◊ Avancé ◊ 3 mois

CONTENANT Pot de 120 ml

MATÉRIEL
2 bols résistants à la chaleur (inox…)
Mini-fouet
Balance de précision ou :
Verre doseur de 25 ml
Pipette graduée de 10 ml
Cuillère de dosage de 2 ml

INGRÉDIENTS
Huile végétale de jojoba – 18 g (ou 20 ml)
Émulsifiant Conditionneur végétal*
  – 9,6 g (ou 8 cuillères de 2 ml)
Eau aromatique de citron – 85 g (ou 85 ml)
Extrait de maca (actif Maca
  vital)* – 5 g (ou 4 ml)
Huile essentielle de pamplemousse
  – 2,3 g (ou 2,5 ml)
Huile essentielle de romarin
  à cinéole – 0,4 g (ou 15 gouttes)
Conservateur Cosgard* – 0,7 g
  (ou 25 gouttes)

- Versez l'huile de jojoba dans un premier bol, puis ajoutez l'émulsifiant Conditionneur végétal.
- Dans un second bol, versez l'eau de citron.
- Faites chauffer les deux bols au bain-marie.
- Lorsque l'émulsifiant est totalement fondu et que l'eau commence à frémir, sortez les bols du bain-marie.
- Ajoutez lentement l'eau de citron frémissante dans le premier bol, tout en agitant vigoureusement durant 3 minutes.
- Placez le bol dans un fond d'eau froide et continuez d'agiter jusqu'à refroidissement.
- Ajoutez l'extrait de maca, les huiles essentielles et le conservateur, puis mélangez.
- Transvasez la préparation dans un pot.

Masques et soins avant shampooing

* Dénomination Aroma-Zone, voir lexique en fin d'ouvrage.

MASQUE BLONDEUR DE MIEL
à la Camomille

Ce soin onctueux ravive les reflets dorés pour apporter du relief à la chevelure. Délicatement éclaircissant, il redonnera un coup de fouet aux cheveux fatigués grâce aux bienfaits du miel et de la camomille. Enrichi en huile de jojoba, ce masque nourrit les cheveux, améliore leur brillance et leur souplesse. Pour cultiver une blondeur ensoleillée, appliquez une ou deux noix de masque sur l'ensemble des cheveux secs ou essorés, laissez poser 10 à 15 minutes, puis rincez à l'eau claire.

Masque cheveux ◊ Cheveux blonds ◊ 20 minutes ◊ Facile ◊ 3 mois

CONTENANT Pot de 150 ml

MATÉRIEL
Bol résistant à la chaleur (inox…)
Mini-fouet
Balance de précision ou :
Verre doseur de 25 ml
Pipette graduée de 10 ml
Cuillère de dosage de 0,5 ml
Cuillère de dosage de 2 ml

INGRÉDIENTS
Huile végétale de jojoba – 9,2 g (ou 10 ml)
Hydrolat de camomille allemande
  – 120 g (ou 120 ml)
Émulsifiant BTMS* – 15 g
  (ou 1 verre doseur de 25 ml)
Miel liquide – 4 g (ou 2 cuillères de 2 ml)
Extrait CO_2 de camomille allemande
  – 0,5 g (ou 1 cuillère de 0,5 ml)
Mica poudre d'or* – 3,3 g
  (ou 4 cuillères de 2 ml)
Huile essentielle de cannelle
  – 0,03 g (ou 1 goutte)
Conservateur Cosgard* – 0,9 g
  (ou 31 gouttes)

- Versez l'huile de jojoba et l'hydrolat de camomille dans un bol, puis ajoutez l'émulsifiant BTMS et le miel.
- Faites chauffer le bol au bain-marie.
- Lorsque l'émulsifiant est totalement fondu, sortez le bol du bain-marie et agitez vigoureusement durant 3 minutes.
- Placez le bol dans un fond d'eau froide et continuez d'agiter jusqu'à refroidissement.
- Ajoutez le reste des ingrédients, puis mélangez.
- Transvasez la préparation dans un pot.

* Dénomination Aroma-Zone, voir lexique en fin d'ouvrage.

MASQUE ACTIVATEUR DE POUSSE
au lait de Coco

Sublimez votre chevelure avec ce soin de beauté indien au parfum boisé et exotique de cèdre et de coco. Régénérante et fortifiante, la poudre ayurvédique d'amla marie ses vertus au lait de coco en poudre pour stimuler les bulbes capillaires, ralentir la chute des cheveux et favoriser leur pousse. Pour des cheveux longs, soyeux et vigoureux, appliquez ce masque sur le cuir chevelu humide, des racines jusqu'aux longueurs et pointes de vos cheveux. Laissez poser 5 à 10 minutes, massez délicatement, puis utilisez votre shampooing habituel.

Masque cheveux ◊ Tous types de cheveux ◊ 5 minutes ◊ Facile ◊ Utilisation immédiate

MATÉRIEL
Bol
Mini-fouet
Balance de précision ou :
Verre doseur de 25 ml
Pipette graduée de 10 ml

INGRÉDIENTS
Lait de coco en poudre – 20,7 g
   (ou 2 verres doseurs de 25 ml)
Amla en poudre – 42,2 g (ou
   3,5 verres doseurs de 25 ml)
Hydrolat de cèdre de l'Atlas
   – 90 g (ou 90 ml)
Extrait aromatique de coco – 4 g (ou 4 ml)

- Placez les poudres de lait de coco et d'amla dans un bol.
- Ajoutez progressivement l'hydrolat de cèdre, tout en mélangeant jusqu'à obtenir une pâte lisse et homogène.
- Versez l'extrait aromatique de coco, puis mélangez.

Bon à savoir : riche en acides gras, en minéraux et en vitamines, le lait de coco apporte douceur et brillance aux cheveux, tout en les nourrissant. Sa délicate odeur de coco est une invitation au voyage.

BAUME PROTECTEUR
Beauté brésilienne

Baume de beauté en provenance directe du Brésil, ce soin réparateur et protecteur est source d'éclat et de vigueur pour les chevelures fatiguées, sèches et abîmées. Intensément nourrissant, il régénère, revitalise, embellit et prévient la déshydratation des cheveux. Délicieusement fondant, il se transforme en huile au contact de la chevelure et pénètre au cœur de la fibre capillaire sans l'alourdir. Pour un bain d'huile au parfum exotique, appliquez une ou deux noix de la préparation sur l'ensemble de la chevelure, laissez poser 15 minutes sous une serviette chaude, puis procédez à votre shampooing habituel. Laissez poser ce soin une nuit complète sous une serviette si vos cheveux sont très secs.

Masque cheveux ◊ Cheveux secs et abîmés ◊ 25 minutes ◊ Facile ◊ 6 mois

CONTENANT Pot de 120 ml

MATÉRIEL
Bol résistant à la chaleur (inox…)
Mini-fouet
Balance de précision ou :
Verre doseur de 25 ml
Pipette graduée de 10 ml

INGRÉDIENTS
Huile végétale de noix du Brésil – 13,8 g (ou 15 ml)
Huile végétale de fruit de la Passion – 13,8 g (ou 15 ml)
Huile végétale de buriti – 9,2 g (ou 10 ml)
Beurre végétal de tucuma – 72 g (ou 80 ml)
Extrait aromatique d'ananas – 2,4 g (ou 3 ml)
Vitamine E – 0,2 g (ou 8 gouttes)

- Versez les huiles végétales de noix du Brésil, de fruit de la Passion et de buriti dans un bol, puis ajoutez le beurre de tucuma.
- Faites fondre l'ensemble au bain-marie, puis retirez du feu.
- Ajoutez l'extrait aromatique d'ananas et la vitamine E, puis mélangez.
- Placez le bol au congélateur et mélangez de temps en temps afin d'obtenir une pâte onctueuse et homogène.
- Coulez la préparation sous forme de pâte dans un pot.

L'HUILE DU BARBIER HEUREUX
à la Moutarde

Beaux dandys aux moustaches frétillantes, ce soin câlineur pour barbe vous est dédié ! Laissez la moutarde vous monter à la barbe et la nourrir de ses propriétés fortifiantes et embellissantes. Concentré d'huiles végétales et d'essences stimulantes, cette huile de barbier favorise la pousse des poils, réveille leur brillance, nourrit la barbe et hydrate la peau tout en la purifiant. Barbu d'un jour ou de toujours, appliquez 1 ou 2 pressions d'huile en friction sur la barbe, laissez poser 15 à 20 minutes, puis rincez à l'aide d'un savon doux. À vous la barbe soyeuse et voluptueuse, douce à porter, irrésistible à regarder et à embrasser !

Soin pour la barbe ◊ 10 minutes ◊ Facile ◊ 6 mois

CONTENANT Flacon pompe de 100 ml

MATÉRIEL
Balance de précision ou :
Verre doseur de 25 ml

INGRÉDIENTS
Huile végétale de moutarde
— 36,8 g (ou 40 ml)
Huile végétale de ricin — 55,2 g (ou 60 ml)
Huile essentielle de pamplemousse
— 1,8 g (ou 70 gouttes)
Huile essentielle de bay St Thomas
— 0,9 g (ou 35 gouttes)

- Mettez l'ensemble des ingrédients dans un flacon.
- Fermez le flacon et agitez.

Astuce : cette huile rendra également vos cheveux très heureux. Appliquez-la en massages sur le cuir chevelu, laissez poser 20 minutes (sous une serviette chaude, c'est encore mieux !), puis rincez à l'aide d'un shampooing doux.

Soins pour la barbe

LEXIQUE INCI

L'INCI (International Nomenclature of Cosmetic Ingredients) est la nomenclature officielle des matières premières cosmétiques : qui existe en deux versions, la version européenne et la version américaine. Nous vous proposons ci-dessous de retrouver l'équivalent INCI des ingrédients cosmétiques cités dans les recettes.

ACTIFS
- Acide hyaluronique : Sodium hyaluronate
- AHA (acides de fruits) : Water (eau) & Vaccinium myrtillus extract (extrait de myrtille) & Saccharum officinarum extract (extrait de canne à sucre) & Acer saccharum extract (extrait d'érable) & Citrus aurantium dulcis extract (extrait d'orange) & Citrus medica limonum extract (extrait de citron)
- Bacti-Pur : Candida bombicola / glucose / Methyl rapeseedate ferment, Water, Potassium sorbate
- Bio – remodelant : Water, Glycerin, Linum usitatissimum (linseed) seed extract, Glyceryl caprylate, p-Anisic acid
- Bisabolol : Bisabolol ((LL)-alpha bisabolol)
- Céramides végétales : Aqua (and) Glycerin (and) Helianthus Annuus Seed Extract (and) Decyl Glucoside
- Coenzyme Q10 : Squalane, Ubiquinone
- Concentré Éclat & Lumière : Glycerin, Larix sibirica wood extract
- DHA naturelle : Dihydroxyacetone
- Fuco'slim : Glycerin, Aqua, Fucus vesiculosus extract, Citric acid , Sodium benzoate
- Honeyquat : Hydroxypropyltrimonium honey
- Inuline : Inulin
- Keratin'protect : Aqua, Glycerin, Zea mays starch, Cystoseira compressa extract, Gluconolactone, Benzyl alcohol, Sodium benzoate, Dehydroacetic acid, Calcium gluconate
- Maca vital : Glycerin, Lepidium meyenii root extract
- Melano'regul : Propanediol, Aqua, Boerhavia diffusa root extract
- MSM : Methylsulfonylmethane
- Protéines de blé (Phytokératine) : Hydrolyzed wheat protein
- Protéines de riz : Hydrolyzed rice protein
- Provitamine B5 : Panthenol
- Silicone végétal : Aqua, Chondrus crispus extract
- Substitut vegetal de lanoline : Oleic / Linoleic / Linolenic polyglycerides
- Urée : Urea

BASES COSMÉTIQUES
- Base de parfum neutre BIO : Alcohol denat, Aqua
- Base gloss : Hydrogenated castor oil dimer dilinoleate
- Base de savon neutre blanche (Melt & Pour) : Aqua, Glycerin, Sodium palmitate, Sucrose, Sodium cocoate, Decyl glucoside, Sodium chloride, Citric acid, Aloe barbadensis leaf juice powder, Sodium citrate, Sodium palm kernelate, Titanium dioxide
- Base de savon neutre transparente (Melt & Pour) : Aqua, Glycerin, Sodium cocoate, Sorbitol, Sodium stearate, Cocamidopropylbetaine, Sodium chloride, Sodium citrate, Cocos nucifera (coconut) oil, Polyglyceryl-4-oleate, Trisodium sulfosuccinate, Citric acid
- Masque Peel-Off marin : Diatomaceous earth, Algin, Calcium sulfate hydrate, Tetrasodium pyrophosphate
- Base gloss : Hydrogenated castor oil dimer dilinoleate

COLORANTS
- Mica Beige nude : Mica, CI 77491 (Iron oxide red), CI 77891 (Titanium dioxide)
- Mica Poudre d'or : Mica, CI 77891 (Titanium dioxide), CI 77491 (Iron oxide red)
- Paillettes naturelles : Silica, CI 77891 (Titanium dioxide)

CONSERVATEURS
- Complexe benzoate & sorbate : Aqua, Sodium benzoate, Potassium sorbate
- Cosgard : Benzyl alcohol, Dehydroacetic acid, Aqua (Water)
- Leucidal : Leuconostoc/Radish root ferment filtrate
- Naticide : Fragrance

ÉMOLLIENT
- Dry touch : Dodecane

ÉMULSIFIANTS
- Cœur de crème : Glyceryl stearate citrate, Sucrose laurate, Polyglyceryl-4-cocoate, Cetyl alcohol, Sodium ricinoleate
- Cire émulsifiante n° 2 : Cetearyl wheat straw glycosides, Cetearyl alcohol
- Cire emulsifiante n° 3 : Glyceryl stearate SE
- Emulsan : Methyl glucose sesquistearate
- Olivem 1000 : Cetearyl olivate, Sorbitan olivate
- Cire Olive protection : Sorbitan olivate

ÉMULSIFIANTS SPÉCIAL CAPILLAIRE
- BTMS : Cetearyl alcohol & Behentrimonium Methosulfate
- Conditionneur végétal : Cetearyl alcohol, Lecithin, Sodium cetearyl sulfate, Vegetable oil

STABILISANTS / GÉLIFIANTS
- Alcool cétéarylique : Cetearyl alcohol

- Cera bellina : Polyglyceryl-3-beeswax
- Gélisucre : Glycerin, Prunus Amygdalus Dulcis (Sweet Almond) oil, Sucrose laurate, Citrus
- Aurantium dulcis (Orange) fruit water

TENSIOACTIFS MOUSSANTS
- Base consistance : Lauryl glucoside
- Base douceur : Sodium cocoamphoacetate, Glycerin, Lauryl glucoside, Sodium cocoyl glutamate
- Douceur de Coco : Coco glucoside, Glyceryl oleate
- Mousse de babassu : Babassuamidopropyl betaïne
- Mousse de sucre : Decyl glucoside
- SCI : Sodium cocoyl isethionate
- SLSA : Sodium lauryl sulfoacetate, Sodium lauryl glucose carboxylate

MISES EN GARDE et PRECAUTIONS D'UTILISATION

🌿 Précautions d'emploi et bon usage des huiles essentielles *A lire avant toute utilisation*

- **Employez les huiles essentielles avec modération et précaution.** Les huiles essentielles sont très puissantes.
- **Les huiles essentielles ne doivent pas être appliquées sur les yeux, le contour des yeux, ni dans les oreilles.** En cas de contact, appliquez abondamment une huile végétale, puis rincez à l'eau. Consultez rapidement un médecin. Les huiles essentielles doivent être impérativement diluées pour une application sur les muqueuses.
- **Gardez toujours les huiles essentielles hors de portée et hors de vue des enfants.** Pour leur sécurité, ne jamais retirer la capsule codigoutte des flacons des huiles essentielles.
- **Certaines huiles* de notre gamme peuvent être irritantes ou particulièrement sensibilisantes.** La majorité des huiles essentielles s'emploient diluées dans une huile végétale sur la peau. Nous vous recommandons de toujours effectuer un test de tolérance cutané dans le pli du coude pendant au moins 48 heures avant toute utilisation à l'état pur ou dilué sur la peau. Si vous observez une réaction (rougeur, irritation, picotement…), n'utilisez pas le mélange.
- **Certaines huiles* sont photosensibilisantes.** Après utilisation de ces huiles, ne vous exposez pas au soleil ou UV pendant 6 heures.
- D'une manière générale, **nous déconseillons l'usage d'huiles essentielles pour les femmes enceintes ou allaitantes, les personnes épileptiques, les personnes hypersensibles ou présentant un cancer hormono-dépendant**, et plus généralement celles ayant des problèmes de santé. Sauf avis médical, n'utilisez pas non plus d'huiles essentielles chez les bébés et les enfants de moins de 3 ans. Pour les enfants de plus de 3 ans, utilisez-les exclusivement sous contrôle médical.
- **Les injections d'huiles essentielles sont rigoureusement interdites.**
- **En cas d'allergies respiratoires ou d'asthme, évitez d'inhaler directement les diffusions d'huiles essentielles.**
- **N'associez pas huiles essentielles et traitements médicamenteux sans avis médical.**
- **Consultez un médecin pour toute indication thérapeutique ou tout traitement par voie orale.** Les huiles essentielles doivent être diluées sur un support type huile, miel, sucre ou comprimé neutre pour un usage par voie orale.
- **Pour les huiles essentielles et hydrolats susceptibles d'un usage alimentaire, respectez les dosages suivants :**
    - Huiles essentielles : 1 à 2 gouttes pour un plat de 4 personnes
    - Hydrolats : 1 à 2 cuillère(s) à café par litre de boisson, 1 à 2 cuillère(s) à soupe par kilo de préparation
- **En cas d'ingestion accidentelle, avalez plusieurs cuillérées d'huile végétale afin de diluer l'huile essentielle, contactez un centre anti-poison et consultez un médecin.**
- **En cas de doutes ou d'interrogations, n'hésitez pas à demander conseil à votre médecin.**
- **Liste de nos principales huiles essentielles pouvant être irritantes ou avoir des effets indésirables (allergies, neurotoxicité, hépatotoxicité,…) :** Achillée Millefeuille, Ail, Ajowan, Amande amère, Aneth, Anis vert, baume de Copahu, baume du Pérou, Bay st Thomas, Bouleau noir, Cannelle de Ceylan (écorce ou feuille), Cannelle de Chine, Cannelle Tamala, Carvi, Cèdre Atlas, Cèdre de l'Himalaya, Cumin, Curcuma, Cyprès de Provence / toujours vert, Estragon, Eucalyptus à cryptone, Eucalyptus globulus, Eucalyptus mentholé, Fenouil doux, Gaulthérie couchée, Gaulthérie odorante, Girofle (clou et feuille), Hélichryse italienne, Inule odorante, Khella, Lantana, Laurier, Lemongrass, Lentisque pistachier, Litsée citronnée, Mélisse, Menthe des champs, Menthe poivrée, Menthe verte, Millepertuis, Noix de muscade, Origan compact, Origan kaliteri, Origan vulgaire, Persil, Pin sylvestre, Romarin à camphre, Romarin à verbénone, Sapin baumier, Sarriette des montagnes, huile aromatique à la Sauge officinale, Serpolet, Tagète, Tanaisie annuelle, Térébenthine, Thym saturéoïdes, Thym à thymol, Verveine odorante, Ylang-Ylang.
- **Liste de nos huiles pouvant être photosensibilisantes :** Angélique, Bergamote, Céleri, Citron, Citron vert, Khella, Livèche, Mandarine (jaune, rouge, verte), macérat huileux de Millepertuis, Orange, Orange sanguine, Pamplemousse, Tagète, Verveine odorante.

Les informations sur les huiles essentielles disponibles sur notre site internet, sur notre catalogue et sur nos plaquettes sont mises à votre disposition à titre informatif. Elles représentent la synthèse de nos lectures de différents ouvrages concernant l'aromathérapie. Elles ne sauraient en aucun cas constituer une information médicale, ni même engager notre responsabilité.

🌿 Les bonnes pratiques de fabrication des cosmétiques maison *A lire avant toute préparation*

Avant de vous lancer dans la confection de vos produits cosmétiques, voici quelques avertissements :
- **Certains ingrédients peuvent être allergisants :** faites **toujours** un test préalable d'application de votre préparation dans le pli du coude sur environ 1 cm² pendant 48H minimum pour vérifier qu'aucune réaction (picotement, rougeur, gêne respiratoire,…) n'apparaît avant d'utiliser votre préparation.
- Tous les produits cosmétiques contenant une phase aqueuse (eau, hydrolat) sont **très sensibles aux pollutions microbiologiques**. Il est donc indispensable de respecter une hygiène parfaite dans la confection des crèmes "maison" :
    1. **Désinfectez** les ustensiles et contenants allant être utilisés : soit en les passant 10 minutes à l'eau bouillante puis en les séchant soigneusement avec un linge propre et sec, soit en les rinçant à l'alcool de pharmacie puis en les laissant sécher à l'air libre.
    2. **Lavez-vous préalablement soigneusement les mains** ou portez des gants propres.
    3. **Evitez les contacts** de vos mains avec la préparation et les ingrédients.
    4. **Conservez vos préparations très sensibles au frais** et utilisez-les rapidement.
    5. **Utilisez des "conservateurs naturels"** éprouvés comme le Cosgard Aroma-Zone (respectez les dosages).
    6. **N'hésitez pas à jeter** votre préparation à la moindre formation de moisissure ou à la moindre apparition d'odeur désagréable, changement d'aspect…
- Des chauffes importantes de certains ingrédients sont parfois nécessaires. Les précautions d'usage doivent être respectées pour éviter brûlures et projections. Il est conseillé de porter des lunettes de protection.
- Vos préparations doivent être soigneusement étiquetées, datées et tenues hors de portée des enfants.
- Respectez les dosages indiqués. Lors de votre préparation, remplissez un cahier de traçabilité en notant la composition de votre produit et les lots des ingrédients utilisés, ainsi que la date de production.

Les recettes de cosmétique « maison » disponibles sur notre site et dans nos documentations sont des exemples d'illustration de l'utilisation de nos ingrédients ; ces exemples ne sauraient en aucun cas engager notre responsabilité. Ce sont des œuvres originales protégées par le droit d'auteur. Elles ne peuvent être utilisées à un but commercial, sauf accord particulier et restrictif.

Aroma-Zone – 25 rue de l'Ecole de Médecine – 75006 Paris – France - Site : www.aroma-zone.com